江戸時代大百科

①大百科

江戸幕府のしくみ

監修：小酒井大悟　東京都江戸東京博物館 学芸員

ポプラ社

江戸時代大百科

① 江戸幕府のしくみ

もくじ

この本の使い方 ……………………………………………… 4

はじめに ……………………………………………………… 5

第1章◆江戸幕府の支配

平和な時代をつくった江戸幕府 ………………………… 6

江戸時代の日本のようす ………………………………… 8

幕藩体制のしくみ ………………………………………… 10

大名たちの統制 …………………………………………… 12

朝廷と寺社の統制 ………………………………………… 14

江戸時代の身分社会 ……………………………………… 16

第2章◆江戸幕府のしくみ

幕府をおさめた将軍 ……………………………………… 18

将軍をささえる組織 ……………………………………… 20

幕府の財源 ………………………………………………… 24

江戸城のようす① ………………………………………… 26

江戸城のようす② ………………………………………… 28

第3章◆江戸幕府と藩の関係

藩の種類と役割 ……………………………………………………… 30

大名の参勤交代 ……………………………………………………… 34

第4章◆江戸幕府の政治改革

さまざまな問題への対策 ……………………………… 38

データや図表で見る江戸時代 ………………………… 44

さくいん ……………………………………………………… 46

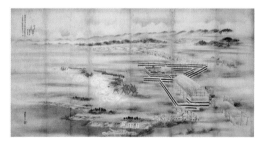

出典

表紙
①楊洲周延 画「千代田之御表」国立国会図書館 蔵
②「江戸図屏風」国立歴史民俗博物館 蔵
③歌川貞秀 画「東海道之内 生麦」ミネアポリス美術館 蔵
④一立斎広重 画「東都名所 霞ヶ関全図」国立国会図書館 蔵
⑤歌川貞秀 画「東海道高輪風景」メトロポリタン美術館 蔵
⑥歌川国貞 画「末廣五十三次 日本橋」東京都立図書館 蔵

扉（上から）
歌川国貞 画「末廣五十三次 日本橋」東京都立図書館 蔵
歌川貞秀 画「東海道高輪風景」メトロポリタン美術館 蔵
楊洲周延 画「千代田之御表」国立国会図書館 蔵

もくじ（上から）
P.2
イラスト：サッサ
楊洲周延 画「千代田之御表 正月元日諸侯登城御玄関前之図」国立国会図書館 蔵
市岡正一「徳川盛世録」東京都立中央図書館特別文庫室 蔵
楊洲周延 画「千代田大奥 御花見」国立国会図書館 蔵
曾槃占春「成形図説 8」国立公文書館 蔵
P.3
「会津藩主参勤交代行列図」会津若松市立会津図書館 蔵
「目安箱」写真提供：恵那市教育委員会
「高島四郎太夫砲術稽古業見分之図」板橋区立郷土資料館 蔵

この本の使い方

『江戸時代大百科』は、江戸時代について知りたいテーマごとに調べることができるシリーズです。1巻では、江戸時代に全国を治めた江戸幕府や幕府を率いた将軍、幕府につかえながらそれぞれの藩を独自に支配していた大名などを紹介しています。

●本文中に「➡○ページ」や「➡○巻」とある場合、関連する内容が別のページや他の巻にあることを示しています。

●本書では、年を西暦で記しています。明治5年までは、日本暦と西暦とは1か月ていどの違いがありますが、年月日はすべて日本暦をもとにし、西暦に換算していません。元号を表記する必要があるときには、「寛永年間(1624〜1645年)」のように西暦をあわせて示しています。

●この本では江戸時代について、おもに17世紀ごろを前期、18世紀ごろを中期、19世紀ごろを後期、とくに1853年ごろからを末期としてあらわしています。

ものしりコラム

本編の内容にかかわる、読むとちょっとものしりになれるコラムを掲載しています。

●人物
江戸時代に活躍した人物について紹介しています。

●もの
江戸時代に生まれたり、かかわりがあったりするものについて紹介しています。

●こと
江戸時代におこったできごとや事件について紹介しています。

絵画や写真

当時のようすをあらわす絵画や、現在に残る史跡の写真などを掲載しています。

●出典は
歌川広重「東都名所 駿河町之図」
①
国立国会図書館 蔵
③
①作者名 ②作品名 ③所蔵元のように示しています。

データや図表

●グラフや表では、内訳をすべてたし合わせた値が合計の値にならなかったり、パーセンテージの合計が100%にならない場合があります。これは数値を四捨五入したことによる誤差です。

●出典は
竹内誠 監修『江戸時代館』(小学館、2011年)
①   ②   ③   ④
「松江藩の財政」
⑤
①著者・監修者名 ②書籍などのタイトル ③出版社
④出版年 ⑤グラフや図表のタイトル
のように示しています。

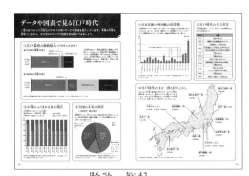

●44〜45ページには、本編の内容にかかわるデータや図表を掲載する「データや図表で見る江戸時代」をもうけています。
本文中に「➡P.44①江戸幕府の財政収入」とある場合、44ページの①に関係のあるデータや図表が掲載されています。

はじめに

　このシリーズでとりあげる「江戸時代」とは、江戸に全国を治める幕府があった時代のことをいいます。関ヶ原の戦いに勝利した家康が将軍となり、江戸に幕府を開いたのが1603年。ここから最後の将軍・徳川慶喜が1867年に政権を返上するまでの265年間が江戸時代です。

　それでは、江戸時代とはいったいどのような時代だったのでしょうか。もっとも大きな特徴は、平和な時代であったということです。1614～1615年の大坂の陣や1637年の島原の乱などをのぞけば、大きな戦乱がおこることなく、幕府の支配が長く続きました。これは世界の歴史のなかでも、たいへんまれなことでした。

　こうした平和のもとで、江戸時代には経済が大きく発展し、ゆたかな文化が育まれていきました。今日のわたしたちが伝統的なものとしてとらえている産業や文化、ものの考え方や生活習慣のなかには、江戸時代にはじまったものが少なくありません。江戸時代は、わたしたちのくらしや社会の基礎になっているわけです。一方で現代には引き継がれなかったことがらも、いくつもあります。

　このような江戸時代は、近すぎず、そうかといって遠すぎない過去であり、現代といろいろな面をくらべることができる、よい鏡といえます。江戸時代をふり返り、学ぶことは、現代のわたしたちのくらしや社会を知ることにつながりますし、よりよい未来を考え、創っていくうえで、活かせることや手がかりになることも見つけられるはずです。

　このシリーズでは、江戸時代について幕府のしくみ、江戸の町、交通、産業、外交と貿易、文化といったテーマをあつかっています。1巻では、江戸幕府のしくみや幕府がおこなった政治改革を中心に、幕府とともに全国を支配した大名（藩）についてくわしく見ていきましょう。

　このシリーズが、江戸時代のことに興味をもち、くわしく知ろうとするみなさんの、よい手引きとなれば幸いです。

日本史年表

| 縄文時代 |
| 約1万2000年前～約2500年以前 |

| 弥生時代 | |
| 約2500年以前～約1700年前 | |

| 古墳時代・飛鳥時代 |
| 約1700年前～710年 |

| 奈良時代 | 平安時代 |
| 710年～794年 | 794年～1185年 |

| 鎌倉時代 |
| 1185年～1333年 |

| 室町時代 |
| 1338年～1573年 |

| 戦国時代 | 安土桃山時代 |
| 1467～1573年 | 1573年～1603年 |

| 江戸時代 |
| 1603年～1867年＊ |

| 明治時代 |
| 1868年～1912年 |

| 大正時代 | 昭和時代 |
| 1912年～1926年 | 1926年～1989年 |

| 平成時代 | 令和 |
| 1989年～2019年 | 2019年～ |

＊江戸時代を1868年までとしている年表もあります。

平和な時代をつくった江戸幕府

日本には、かつて江戸時代という長くつづいた時代がありました。大きな戦争がない、平和なこの時代をおさめたのは、武士という身分の人々からなる江戸幕府です。

◆江戸時代の幕開け

江戸幕府の「江戸」は現在の東京、「幕府」とは武士たちによる政府のことです。江戸幕府は江戸を拠点として、当時の日本の政治や経済を動かしていました。

江戸幕府がひらかれる前も、日本の政治は長いあいだ武士がおこなっていました。しかし各地で領地や権力をめぐっての争いがたえず、社会はつねに不安定な状態でした。とくに江戸幕府をひらいた徳川家康が育った戦国時代は、15世紀から16世紀にかけておよそ100年間にわたり、日本中で戦争がおこっていました。

徳川家康はこの戦国時代を勝ちぬき、征夷大将

徳川家康（1543〜1616年）
▶三河国（現在の愛知県）に生まれる。豊臣氏をほろぼし、日本中で争いがつづいた時代を終わらせた。家康のあとも、将軍職は徳川氏が代々受け継いだ（➡P.19）。

軍（将軍）となって江戸に幕府をひらきました。「将軍」とは、武士のリーダーのことです。家康のもとに多くの武士がつかえ、政治をおこないました。その後、3代将軍の徳川家光のころまでに、幕府の体制を整えていきました。江戸幕府が日本をおさめた時代は、「江戸時代」とよばれます。

幕府の体制が確立するまで

江戸幕府の体制は、初代の家康から3代の家光の時代まで30年以上の時間をかけて整えられた。

年	主なできごと	年	主なできごと
1543年	鉄砲が伝わる。	1614年	大坂冬の陣。
1549年	ザビエルによりキリスト教が伝わる。	1615年	大坂夏の陣、豊臣氏が滅亡。 一国一城令、武家諸法度、禁中並公家諸法度を定める。
1573年	織田信長が足利義昭を追放、室町幕府が滅亡する。		
1582年	本能寺の変で織田信長が討たれる。	1616年	徳川家康が死去。
1590年	豊臣秀吉が全国を統一。徳川家康を関東へ移封。	1623年	徳川家光が3代将軍となる。
1600年	関ヶ原の戦いで徳川家康ひきいる東軍が勝利。	1635年	武家諸法度を改訂し、参勤交代を定める。
1603年	徳川家康が征夷大将軍（将軍）となり、江戸幕府をひらく。	1637年	島原・天草一揆がおこる（〜1638年）。
1605年	徳川秀忠が2代将軍となる。	1641年	長崎の出島にオランダ商館を移し、鎖国体制（➡5巻）が完成。

幕府の拠点となった江戸の町

江戸は、関東の水上と陸上交通の拠点となる土地ではあったが、家康が大名として来るまでは地方の一都市にすぎなかった。江戸幕府の成長にともない、日本有数の大都市へと発展していった（➡2巻）。

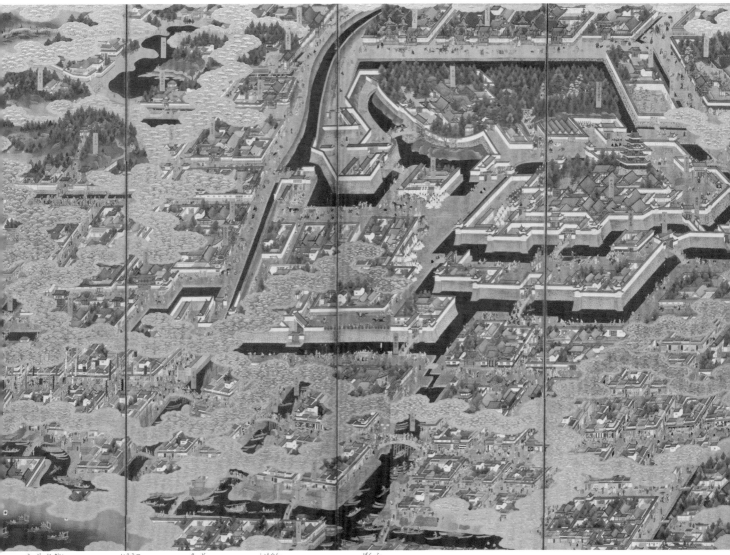

▲江戸時代前期（3代の家光のころ）の江戸のようす。将軍のすまいであり、幕府の中心であった江戸城（➡P.26）がそびえる。城のまわりには、将軍につかえる武士たちの屋敷や、商人や町人がすむ町のようすがえがかれている。「江戸図屏風」国立歴史民俗博物館 蔵

◆さまざまなものが発展した社会

江戸時代の大きな特徴は、初期と末期をのぞき、およそ260年間、武士どうしの大きな争いがほとんどおこらなかったことです。そのため社会が安定し、さまざまなものが発展しました。日本中で交通が整備され、それにともない各地の産業が発展しました。
➡④巻
また、人々のくらしもしだいに豊かになり、多くの娯楽や文化が生まれました。
➡⑥巻

▲江戸と各地をむすぶ街道のようす。江戸から京都までつながる東海道など、主な街道（道路）が整備された。多くの人や荷物が行きかい、街道沿いの町も栄えていった（➡3巻）。歌川貞秀 画「東海道神奈川之勝景」メトロポリタン美術館 蔵

江戸時代の日本のようす

第1章 江戸幕府の支配

平和な世のなかがつづいた江戸時代の日本は、江戸幕府と幕府の支配下にあった大名(藩)によっておさめられていました。

◆安定した社会をきずく

昔の日本は、現在の都道府県とはちがい、多くの「国」に分かれていました。それぞれの国は、武士や貴族、寺社などの有力者が領主としておさめていましたが、江戸幕府はそれらの領主を支配下におくことで、全国を支配していました。

国をおさめる領主のうち、将軍と主従関係をむすんだ武士を「大名」といい、将軍とどのような関係にあるかで、「親藩」「譜代」「外様」という3つのグループに分けられていました。親藩は将軍を代々つとめる徳川氏の一門(一族)の大名、譜代は古くから徳川氏の家臣だった大名、外様は関ヶ原の戦いのころに徳川氏にしたがった大名です。これらの大名は、幕府の支配下にありながらも、独自に家臣団と統治機構をもち、領地(藩)を支配しました。[*2]

→P.30

▲将軍に謁見するため、江戸城に登城する大名たちのようす。
楊洲周延 画「千代田之御表」国立国会図書館 蔵

全国の大名の配置(1664年ごろ)

幕府は大名の配置も工夫した。徳川将軍家に近い親藩・譜代に江戸のまわりや京都など重要な地域をまかせた。一方、徳川氏にしたがって間もない外様の多くは、東北地方や西日本など江戸から遠い地域に置いた。

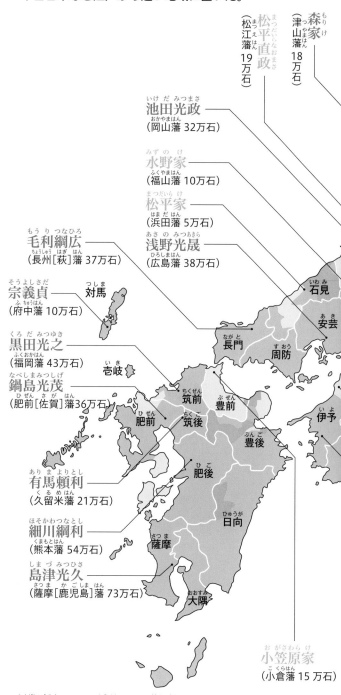

森家
(津山藩 18万石)

松平直政
(松江藩 19万石)

池田光政
(岡山藩 32万石)

水野家
(福山藩 10万石)

松平家
(浜田藩 5万石)

毛利綱広
(長州[萩]藩 37万石)

浅野光晟
(広島藩 38万石)

宗義貞
(府中藩 10万石)

対馬

石見

安芸

黒田光之
(福岡藩 43万石)

長門

周防

壱岐

伊予

鍋島光茂
(肥前[佐賀]藩 36万石)

筑前

豊前

肥前

筑後

豊後

有馬頼利
(久留米藩 21万石)

肥後

細川綱利
(熊本藩 54万石)

日向

薩摩

島津光久
(薩摩[鹿児島]藩 73万石)

大隅

小笠原家
(小倉藩 15万石)

8 ＊1…1600年に全国の武士を二分して起こった戦争を「関ヶ原の戦い」という。徳川家康ひきいる東軍が、石田三成ひきいる西軍を敗り、徳川家康が政権をにぎるきっかけとなった。

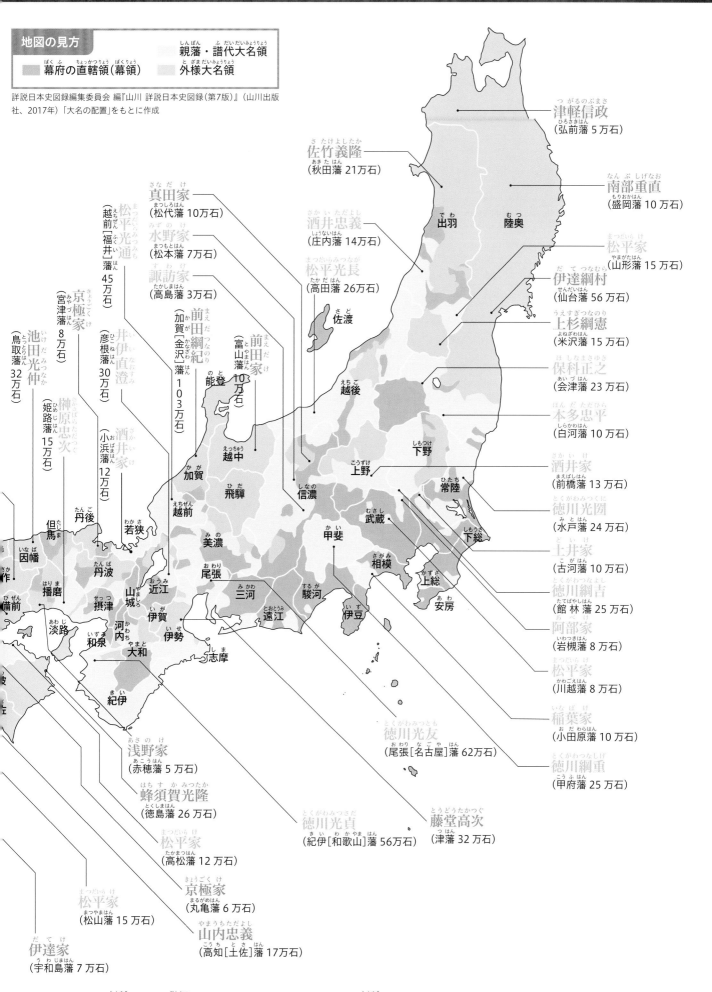

津軽信政
(弘前藩 5万石)

佐竹義隆
(秋田藩 21万石)

南部重直
(盛岡藩 10万石)

真田家
(松代藩 10万石)

松平光通
(越前[福井]藩 45万石)

水野家
(松本藩 7万石)

諏訪家
(高島藩 3万石)

酒井忠義
(庄内藩 14万石)

松平光長
(高田藩 26万石)

松平家
(山形藩 15万石)

伊達綱村
(仙台藩 56万石)

上杉綱憲
(米沢藩 15万石)

京極家
(宮津藩 8万石)

池田光仲
(鳥取藩 32万石)

井伊直澄
(彦根藩 30万石)

前田綱紀
(加賀[金沢]藩 103万石)

前田家
(富山藩 10万石)

保科正之
(会津藩 23万石)

榊原忠次
(姫路藩 15万石)

酒井家
(小浜藩 12万石)

本多忠平
(白河藩 10万石)

酒井家
(前橋藩 13万石)

徳川光圀
(水戸藩 24万石)

土井家
(古河藩 10万石)

徳川綱吉
(館林藩 25万石)

阿部家
(岩槻藩 8万石)

松平家
(川越藩 8万石)

稲葉家
(小田原藩 10万石)

徳川綱重
(甲府藩 25万石)

徳川光友
(尾張[名古屋]藩 62万石)

浅野家
(赤穂藩 5万石)

蜂須賀光隆
(徳島藩 26万石)

徳川光貞
(紀伊[和歌山]藩 56万石)

藤堂高次
(津藩 32万石)

松平家
(高松藩 12万石)

京極家
(丸亀藩 6万石)

松平家
(松山藩 15万石)

山内忠義
(高知[土佐]藩 17万石)

伊達家
(宇和島藩 7万石)

出羽　陸奥　佐渡　越後　下野　上野　常陸　下総　武蔵　甲斐　相模　上総　安房　能登　越中　飛騨　信濃　加賀　越前　美濃　尾張　駿河　伊豆　若狭　近江　山城　三河　遠江　伊勢　志摩　丹後　但馬　丹波　摂津　伊賀　河内　大和　和泉　淡路　紀伊　因幡　播磨　備前

*2…ひとつの国を複数の大名が分割しておさめることや、ひとりの大名が複数の国をおさめることもあった。

幕藩体制のしくみ

江戸幕府と大名とで全国の土地と人々を支配する体制を「幕藩体制」といいます。この体制を長くつづけるために、幕府は大名をさまざまな方法で統制しました。

◆法令をつくってしたがわせる

幕藩体制は社会に安定をもたらし、江戸時代は大きな戦争のない平和な時代になりました。幕府は支配下にある大名たちに、それぞれの領地を独自におさめることを認めていました。

その一方で幕府は、大名をしっかり統制もしました。主なものに、1615年につくられた武家諸法度という法令があります。幕府はこの法令でさまざまなことをさだめました。たとえば、自分の領地の城を幕府に無断で修理することや、大名どうしで勝手に結婚することを禁じました。大名が強い軍事力をもって幕府に戦争をしかけたり、力のある大名どうしがひそかにむすびついたりすることをふせぐためです。藩主である大名は、武家諸法度がゆるす範囲で藩の政治のやり方や法令などを決め、藩を運営しました。

また、幕府の非常時には将軍の命令で兵や馬を出したり、江戸城などの修理や河川の工事（普請）などもまかされることがありました。幕府の影響力は、このようにすべての大名におよんでいたのです。

武家諸法度
1615年、2代将軍の徳川秀忠の時代に出された（元和令）。3代将軍の徳川家光の時代の1635年には、大名が江戸と国元を1年おきに往復する参勤交代（→P.34）が義務づけられた（寛永令）。

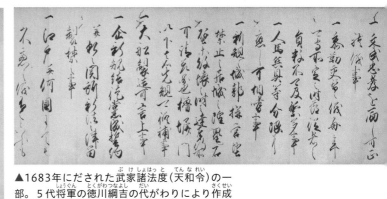

▶1615年にだされた武家諸法度（元和令）の一部。2代将軍の徳川秀忠が命じて作成され、諸大名を大坂の伏見城に集めて公布した。

◉武家諸法度（元和令の一部）
一 文武弓馬の道に、ひたすらはげみなさい。
一 城は、たとえ修理であってもかならず幕府に報告しなさい。ましてや新しく城を築くことはかたく禁じます。
一 幕府のゆるしがなく、勝手に婚姻をむすんではなりません。

▲1683年にだされた武家諸法度（天和令）の一部。5代将軍の徳川綱吉の代がわりにより作成された。武士に対し、主君に対する「忠」、父祖に対する「孝」、「礼儀」による秩序を求めている。
「武家諸法度」国立国会図書館 蔵

◉武家諸法度（寛永令の一部）
一 大名は、自分の領地と江戸とを交代で住むようにさだめます。毎年4月に江戸へ参勤しなさい。
一 五〇〇石以上積める船を、つくることを禁じます。

◀1635年にだされた武家諸法度（寛永令）の一部。3代将軍の徳川家光のときには、大名の参勤交代が制度化された。

▶天和令をだした5代将軍の徳川綱吉。仏教を深く信仰し、生類憐みの令をだして人間をふくむ生類の殺生を禁じた。

幕府と藩の関係

幕藩体制は、3代の家光のころまでに確立した。備前国（現在の岡山県）岡山藩主の池田光政は、幕藩体制について「将軍は日本中の人民を天からあずかっているが、大名は藩の人民を将軍からあずかっているだけだ」とのべたという。

幕府と藩で日本の土地や人々を支配したぞ。

主
江戸幕府（将軍）

● 武家諸法度などの法令でしたがわせる
● 大名による藩の支配を認める

幕府の支配下にありながらも、藩の政治は独自におこないました。

給与

忠誠・奉公

従
旗本・御家人

旗本と御家人は、将軍に直接つかえる家臣。江戸に住み、幕府のさまざまな役職についていた。将軍に謁見（お目見え）できるのが旗本、できないのが御家人。江戸時代中期には、旗本は約5200人、御家人は約1万7000～1万8000人いたという。

● 武家諸法度などの法令を守る
● 参勤交代や普請などのつとめをはたす

幕府に年貢（税）などをおさめる

従
藩（大名）

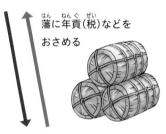

藩に年貢（税）などをおさめる

藩が独自に支配する

支配する

支配する
年貢（税）などをおさめる

旗本領などの人々

幕府の直轄領（幕領）の人々

藩の領地（藩領）の人々

ものしりばなし

「藩」とよぶのは明治時代から!?
江戸時代の藩のよび方

江戸時代には、大名の領地を公式に「藩」とよぶことはありませんでした。明治時代になって、それまでの幕府領を「府」や「県」とよび方をかえたときに、それまでの大名の領地を「藩」とよぶことにしたのです。その後、明治新政府が廃藩置県（➡P.32、➡5巻）をおこな

い、藩は廃止されました。
「藩」という字には「垣根」の意味があり、古代中国で垣根のように王家を守る領主のことを「藩屏」とよんだことにちなんで、この字が使われるようになったといわれています。

第1章　江戸幕府の支配

江戸幕府は、全国の大名たちを幕府にしたがわせる手段として、「改易」や「転封」をおこないました。

◆大名の「改易」と「転封」

　幕府は大名を統制するために、武家諸法度に違反した大名や、跡継ぎがいないまま大名が死んでしまったときなどに、「改易」という処分をしました。改易とは、幕府が大名の領地を取り上げることをいいます。改易となった大名には「捨て扶持」とよばれる小さな領地があたえられることも多く、最低限の生活をすることができました。

　幕府が大名の配置がえをすることを「転封」といいます。転封によって、それまでの領地より石高が増えることもあり（加増）、減ることもあります

（減封）。転封を命じられると、大名や家臣の財産などは次の領地に持っていくことができましたが、城にある武具は目録をつくって新領主に引き渡さなければなりませんでした。家財道具をすべて運ぶため移動の苦労も多く、たいへんお金もかかりました。また、町人や百姓は連れていくことができませんでした。

　幕府にそむくおそれのある大名には改易や減封の処分をくだし、はたらきをみとめた大名には加増のうえ転封しました。このように、幕府は大名の改易や転封をすることで、その強大な権威をしめしたのです。

改易数と転封数の移りかわり

初代将軍の徳川家康から3代将軍の徳川家光までのころが改易や転封がいちばん多かった。とくに多くの外様が改易となった。その後、幕藩体制が安定してくると改易や転封は少なくなった。

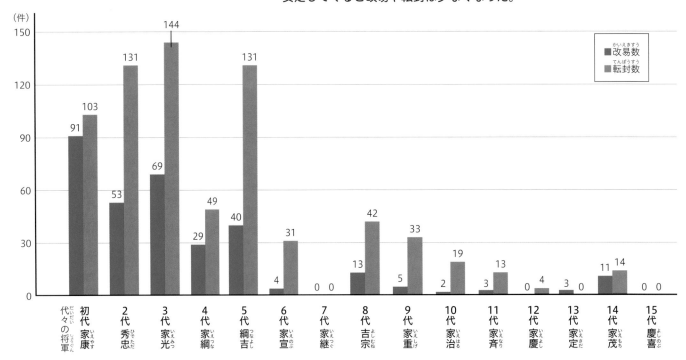

竹内誠 監修・市川寛明 編『一目でわかる江戸時代』（小学館、2004年）「改易・転封の推移」などをもとに作成

改易になった大名たち

幕府の法令や指示にしたがわない大名や、跡継ぎのいない大名は、たとえ親藩や譜代でも改易処分を受けた。

地図の見方
- 親藩
- 譜代
- 外様

松平忠直
家康の孫。豊臣氏をほろぼした大坂の役で戦功をあげるが、1623年に乱行により改易。

松平忠輝
家康の六男。2代の徳川秀忠の家臣を殺したことなどを理由に、1616年に改易。

最上義俊
1617年に12歳で藩主となったが、1622年に御家騒動を理由に改易。

松平忠吉
家康の四男。1607年になくなり、跡継ぎがいなかったため改易。忠吉の領地は弟の徳川義直（尾張藩）がおさめることになった。

本多正純
家康や秀忠の側近だったが、1622年に秀忠の暗殺をくわだてたとされ改易。

徳川忠長
秀忠の三男。1632年に乱行を理由に改易。

浅野長矩
1701年、江戸城内で幕府の家臣・吉良義央に切りつけたことで切腹。領地も改易になった。

加藤忠弘
関ヶ原の戦いで家康についた加藤清正の子。子の光広がいたずらで謀反をよびかける手紙をだしたことで、1632年に改易。

福島正則
関ヶ原の戦いでは家康についた。居城である広島城を無断で修理したとされ、1619年に改易。

地図上の地名：山形、高田、福井、清洲、駿府、宇都宮、赤穂、安芸、熊本

ものしりばなし

何度も領地がえをさせられた「引越し大名」松平直矩

松平直矩は、父の松平直基が播磨国姫路藩（兵庫県）へ転封となり、その移動中に父が死去したため、わずか5歳で家督を継ぐことになりました。しかし、姫路藩は幕府にとって西日本をおさえるための重要な土地だったため、幼い直矩にはまかせられないとして、越後国村上藩（新潟県）に転封となりました。直矩が成人すると姫路藩にもどされましたが、その後も何度も転封を命じられ、そのたびに費用がかさみ、借金に苦しめられたといわれています。

▲姫路藩の藩庁がおかれた姫路城。

◀松平直矩（1642〜1695年）。生涯に多くの領地がえを経験した。

朝廷と寺社の統制

江戸幕府は大名だけでなく、天皇や朝廷、寺院や神社に対しても監視の目を光らせました。幕府はこれらの力をおさえることで、大きな権力を手にしたのです。

◆政治から遠ざけられた天皇や朝廷

江戸幕府は1615年、朝廷や公家に対して禁中並公家諸法度という法令をだしました。17条からなるこの法令は、天皇や公家の行動をさまざまな面で規制するものでした。この法令により、天皇のつとめは学問や和歌などをすることと定められ、政治にはほとんどかかわることができなくなってしまいました。

武家諸法度は将軍がかわるたびに内容も新しくなっていきましたが、禁中並公家諸法度は江戸時代末期までかわることなくつづき、朝廷や公家を統制しつづけました。

また、幕府には「京都所司代」とよばれる役職があり、譜代大名から1名が任命され、その職をつとめていました。京都所司代は京都に役所をかまえ、京都の治安を守ったり、西日本の大名ににらみをきかせたりするほかに、朝廷や公家のようすを監視する役割ももっていました。

➡P.22

このように幕府は天皇や朝廷の力をおさえながら、一方でその伝統的な権威を自分たちの政治にうまく利用しました。

幕府の朝廷統制のしくみ

幕府は京都所司代だけでなく、朝廷内で天皇を補佐する摂政や関白、武家伝奏という役職を使って天皇や公家を監視した。京都所司代は摂政・関白や武家伝奏と深くつながり、江戸や朝廷に関する情報をやりとりした。

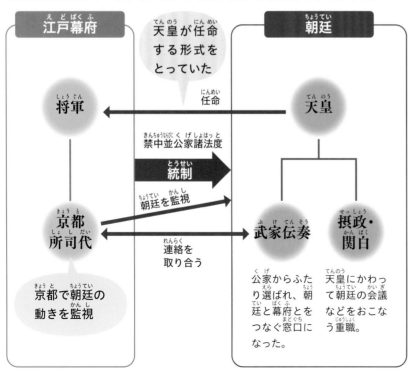

江戸幕府 — 天皇が任命する形式をとっていた — 朝廷

将軍 ← 任命 ← 天皇

禁中並公家諸法度 統制 →

京都所司代 → 朝廷を監視 → 武家伝奏

京都所司代 ⇄ 連絡を取り合う ⇄ 武家伝奏

摂政・関白

京都で朝廷の動きを監視

公家からふたり選ばれ、朝廷と幕府とをつなぐ窓口になった。

天皇にかわって朝廷の会議などをおこなう重職。

二条城　京都所司代邸

▲江戸時代前期の京都のようす。二条城（将軍が京都に来たときに宿泊する場所）の北に京都所司代が住む屋敷があった。「洛中洛外図屏風」メトロポリタン美術館 蔵

▲京都所司代から武家伝奏にあてた手紙。江戸時代前期の京都所司代だった板倉勝重が送ったもの。「将軍を引退した徳川家康が鷹狩りの最中にめでたい鶴をつかまえた」という一見のどかな内容だが、家康の健在ぶりを朝廷にしめすものだった。

「板倉勝重書状」東京国立博物館 蔵 ColBase (https://colbase.nich.go.jp/)

◆寺院や神社の統制

　江戸幕府は寺院や神社に対しても、力をもたないように法令をだして統制しました。

　幕府はまず1601年から15年間にわたり、寺院法度という法令をさまざまな宗派や寺院に出しました。1665年には宗派をこえて寺院や僧侶を統制する諸宗寺院法度をだします。これは、宗派ごとに本山(その宗派の中心となる寺院。本寺ともいう)と末寺(本山の支配下にある寺院)とい

う上下関係をさだめ、幕府は各宗派の本山をおさえることで全国の末寺を支配できるというものでした。同じ年には、神社を統制するための諸社禰宜神主法度もだされています。これらの法令により、僧侶には各宗派の法式を守ること、神職には神祇道にはげむことをもとめ、装束や寺社領についてなど、細部にわたって規制しました。

　江戸時代以前は寺社は武士たちもおびやかす大きな勢力でしたが、その力を幕府におさえこまれてしまいました。

幕府の寺社統制のしくみ

全国の寺院や神社は江戸幕府の寺社奉行(➡P.21)の支配下にあった。1665年、幕府は寺社を統制する法令をだした。

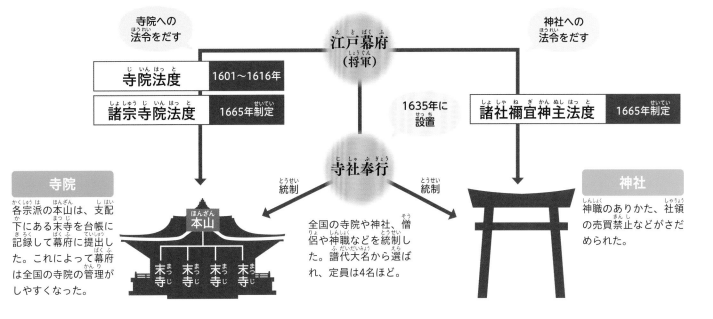

江戸幕府(将軍)

寺院への法令をだす
- 寺院法度　1601〜1616年
- 諸宗寺院法度　1665年制定

神社への法令をだす
- 諸社禰宜神主法度　1665年制定

1635年に設置　**寺社奉行**

寺院
各宗派の本山は、支配下にある末寺を台帳に記録して幕府に提出した。これによって幕府は全国の寺院の管理がしやすくなった。

本山／末寺 末寺 末寺 末寺

統制／統制
全国の寺院や神社、僧侶や神職などを統制した。譜代大名から選ばれ、定員は4名ほど。

神社
神職のありかた、社領の売買禁止などがさだめられた。

幕府の法令づくりにかかわった 以心崇伝とは何者?

ものしりばなし

　武家諸法度、禁中並公家諸法度、諸宗寺院法度の草稿(下書き)を考えたのが、以心崇伝という僧侶です。臨済宗・南禅寺の僧侶であった崇伝は、家康にまねかれて幕府の外交や寺社への対応を担当するようになりました。そのなかで手がけた数々の法令は、幕府の基礎をきずくうえで大きな役割をはたしました。たいへんすぐれた人物で、のちに「黒衣の宰相」とよばれました。

◀以心崇伝(1569〜1633年)。家康の信頼が厚かった。
「本光国師(以心崇伝)画像」
東京大学史料編纂所 蔵

江戸時代の身分社会

幕藩体制がとられた当時の日本には、武士のほかにもさまざまな身分の人がいました。人々は村や町などの集団のなかで、それぞれの職業に応じた役割をつとめ、生活していました。

◆支配する側とされる側

江戸時代の人々には身分があり、支配する側と支配される側に分かれていました。支配する側の代表的な身分が武士です。そのほかに公家や位の高い僧侶・神職などがいました。

支配される側の多くは村に住む百姓で、農業や漁業、林業などにたずさわっていました。手工業にたずさわる職人や、商業や金融業をいとなむ商人は、江戸や大坂などの都市部(町)に住んでいたので「町人*1」とよばれます。 →④巻 →②巻

これらの身分にあてはまらない人々もたくさんいました。医者や学者、舞などを見せる芸能者、死んだ牛や馬を解体する者(えた)、罪人を護送する者(ひにん)などです。えたやひにんは、死や犯罪などいやがられることにかかわる仕事のため、ほかの身分の人から差別されていました。

江戸時代の身分別人口の割合

グラフは江戸時代後期のもの。百姓が人口全体の8割以上をしめる。江戸時代中期から身分別人口の割合に大きな変化はなかった。

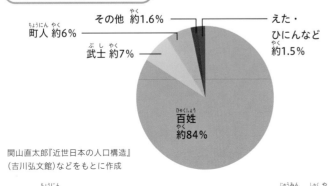

江戸時代後期の総人口 約3200万人

- その他 約1.6%
- 町人 約6%
- 武士 約7%
- えた・ひにんなど 約1.5%
- 百姓 約84%

関山直太郎『近世日本の人口構造』(吉川弘文館)などをもとに作成

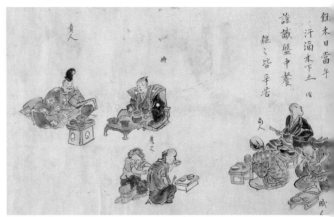

▲江戸時代の人々の身分のちがいを、衣服や食事であらわした絵。左から貴人(公家)、侍(武士)、農夫(百姓)、商人、僧侶、職人。
中台芳昌校訂「老農夜話」東京大学史料編纂所 蔵

◆人と身分

人々は、それぞれがくらす集団のなかで役割をはたすことで、身分を得ていました。

たとえば、武士は幕府や藩のなかで政治や軍事にかかわっており、百姓は村という集団のなかで農業などをおこない幕府や藩に年貢をおさめていました。町人は「町」という組織の構成員として、都市部に屋敷をもち、上下水道や道路の整備、防災や治安維持など、都市機能を維持する役割をはたしていました。

こうした社会のなかで、江戸幕府はさまざまな身分の人々を支配していきました。身分は親から子へ代々受け継がれていくものでした。したがって、人々は生まれたときから身分が決まっていました。しかし実際は、百姓の次男や三男が町人の養子になったり、町人がお金で武士の身分を手に入れたりすることもあり、江戸時代の身分社会にはじゅうなんな一面もありました。

＊1…町人のなかで、家をもつ者はごく少数だった。多くの住民は借家(長屋)に住む労働者で、住む家や土地をもたない者も少なくなかった。

江戸時代の主な身分と特徴

江戸時代以前から身分のちがいや上下はあったが、それらがより明確になったのが江戸時代だった。

支配する側

武士

江戸幕府の将軍、将軍につかえる旗本、御家人、大名や、その家臣など。都市部に住み、苗字を名乗り、腰に刀を差すこと（帯刀）がゆるされた。

▲将軍につかえる武士たち（江戸時代後期ごろ）。

楊洲周延 画「千代田之御表 将軍宣下為祝賀之諸侯大礼行列ノ図」国立国会図書館 蔵

天皇 公家 僧侶・神職

天皇、公家、各宗派の高い位にある僧侶や神職などは、武士と同じ支配する側の身分だった。しかし、武士はこれらの人々もさまざまな法令で統制した（➡P.14）。

支配される側

百姓

村に住み、農業や漁業、林業にたずさわった。社会の大半をしめた身分で、幕府や藩に年貢をおさめていた。

◀村で農作業にはげむ百姓たち（江戸時代後期ごろ）。

中台芳昌校訂「老農夜話」東京大学史料編纂所 蔵

町人

武士と同じように都市部に住み、それぞれ手工業や商業、金融業などにたずさわった。都市部の治安維持やインフラの整備などもおこなった。

職人

商人

▲のこぎりやかんなで木材をつくる大工（江戸時代後期ごろ）。鍬形蕙斎 画「近世職人尽絵詞」東京国立博物館 蔵 出典：ColBase（https://colbase.nich.go.jp/）

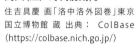

▲京都市中で本屋をいとなむ商人（江戸時代前期）。住吉具慶 画「洛中洛外図巻」東京国立博物館 蔵 出典： ColBase（https://colbase.nich.go.jp/）

その他

武士や百姓、町人といった身分や職業にあてはまらないさまざまな人がいた。

芸能者

舞や芝居を演じて祝儀をもらってくらしていた。

医者・学者

町には医者や、儒学などを研究したり教えたりする学者もいた。

日用

土木工事やかごかきなど、日雇い労働をする人々。

宗教者

支配層にある僧侶や神職以外の宗教者。上は、深い編み笠をかぶり托鉢しながら諸国を行脚した虚無僧。

えた

「かわた」ともよばれ、死んだ牛や馬の処理をしたり、その皮ではきものをつくったりした。

ひにん

囚人を護送したり、死刑になった罪人の遺体を片づけたりした。

幕府をおさめた将軍

江戸幕府のトップとして政治をおこなった将軍は、どのような存在だったのでしょうか。将軍の仕事やくらしぶり、歴代の将軍たちがしてきたことを見てみましょう。

◆徳川氏による将軍職の継承

江戸幕府の将軍は、武士だけでなくあらゆる身分の頂点に立ち、大きな権力をもっていました。将軍職は天皇からあたえられる地位でしたが、実際はその天皇にならぶほどの力をもつ大きな存在でした。

将軍は初代将軍の徳川家康からはじまり、代々徳川氏が受け継ぎました。約260年におよぶ江戸幕府の歴史のなかで、15人の将軍が誕生しました。歴代の将軍は、それぞれ強いリーダーシップをとったり、老中など配下のたすけを借りたりしながら、幕府をおさめていったのです。

将軍は江戸城で毎日決まった時間に寝起きしていました。仕事は短くて2～3時間ほど、老中から政治に関する報告を受け、最終的な判断をくだすことが主な仕事でした。また、諸藩の大名を謁見するのも大切な仕事でした。

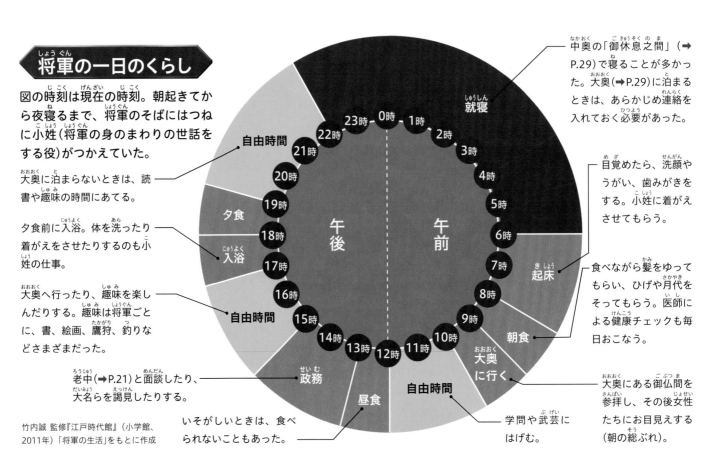

将軍の一日のくらし

図の時刻は現在の時刻。朝起きてから夜寝るまで、将軍のそばにはつねに小姓（将軍の身のまわりの世話をする役）がつかえていた。

大奥に泊まらないときは、読書や趣味の時間にあてる。

夕食前に入浴。体を洗ったり着がえをさせたりするのも小姓の仕事。

大奥へ行ったり、趣味を楽しんだりする。趣味は将軍ごとに、書、絵画、鷹狩、釣りなどさまざまだった。

老中（→P.21）と面談したり、大名らを謁見したりする。

竹内誠 監修『江戸時代館』（小学館、2011年）「将軍の生活」をもとに作成

いそがしいときは、食べられないこともあった。

中奥の「御休息之間」（→P.29）で寝ることが多かった。大奥（→P.29）に泊まるときは、あらかじめ連絡を入れておく必要があった。

目覚めたら、洗顔やうがい、歯みがきをする。小姓に着がえさせてもらう。

食べながら髪をゆってもらい、ひげや月代をそってもらう。医師による健康チェックも毎日おこなう。

大奥にある御仏間を参拝し、その後女性たちにお目見えする（朝の総ぶれ）。

学問や武芸にはげむ。

就寝 23時 0時 1時 2時 3時 4時 5時 6時 7時 起床 8時 9時 朝食 10時 大奥に行く 11時 12時 13時 14時 15時 16時 17時 入浴 18時 夕食 19時 20時 21時 22時 自由時間

午後 午前

自由時間 政務 昼食 自由時間

15代将軍と政治の移りかわり

家康は将軍を2年つとめたあと、すぐに子の秀忠に将軍職をゆずった。将軍職は代々徳川氏が継いでいくことを周囲に知らしめるねらいがあった。

歴代の将軍と在職期間

将軍	在職期間
初代 家康	(1603〜1605年)
2代 秀忠	(1605〜1623年)
3代 家光	(1623〜1651年)
4代 家綱	(1651〜1680年)
5代 綱吉	(1680〜1709年)
6代 家宣	(1709〜1712年)
7代 家継	(1713〜1716年)
8代 吉宗	(1716〜1745年)
9代 家重	(1745〜1760年)
10代 家治	(1760〜1786年)
11代 家斉	(1787〜1837年)
12代 家慶	(1837〜1853年)
13代 家定	(1853〜1858年)
14代 家茂	(1858〜1866年)
15代 慶喜	(1866〜1867年)

(年代目盛：1600年、1650年、1700年、1750年、1800年、1850年、1900年)

初代の家康から3代の家光まで

武力でおさめる武断政治

幕藩体制をしっかりさせるため、幕府の強い軍事力を押しだし、大名たちをしたがわせた（武断政治）。

◀徳川家光。参勤交代を制度化し、幕藩体制を確立させた。

4代の家綱から7代の家継まで

学問・礼節を重んじる文治政治

幕藩体制が安定してくると、学問や礼節、主君に対する忠義が重んじられるようになった（文治政治）。

◀徳川綱吉。学問を奨励し、捨て子や行き倒れ人を保護することを説いた。

8代の吉宗から12代の家慶まで

さまざまな政治改革をおこなう

平和な時代が長くつづいていたが、幕府の財政はしだいに苦しくなっていった。幕府はさまざまな改革（➡P.38）を試み、問題の解決をはかった。

▲徳川吉宗。質素・倹約をかかげて享保の改革をおこなった。

▲徳川家斉。老中の松平定信が寛政の改革をおこなった。

▲徳川家慶。老中の水野忠邦が天保の改革をおこなった。

13代の家定から15代の慶喜まで

動乱の江戸時代末期

諸外国からは開国をせまられ、国内では政権をめぐって内乱がおこった。15代・慶喜が朝廷に大政奉還をおこない、江戸幕府は滅亡した。

◀徳川慶喜。朝廷に大政奉還をおこなった、江戸幕府最後の将軍。

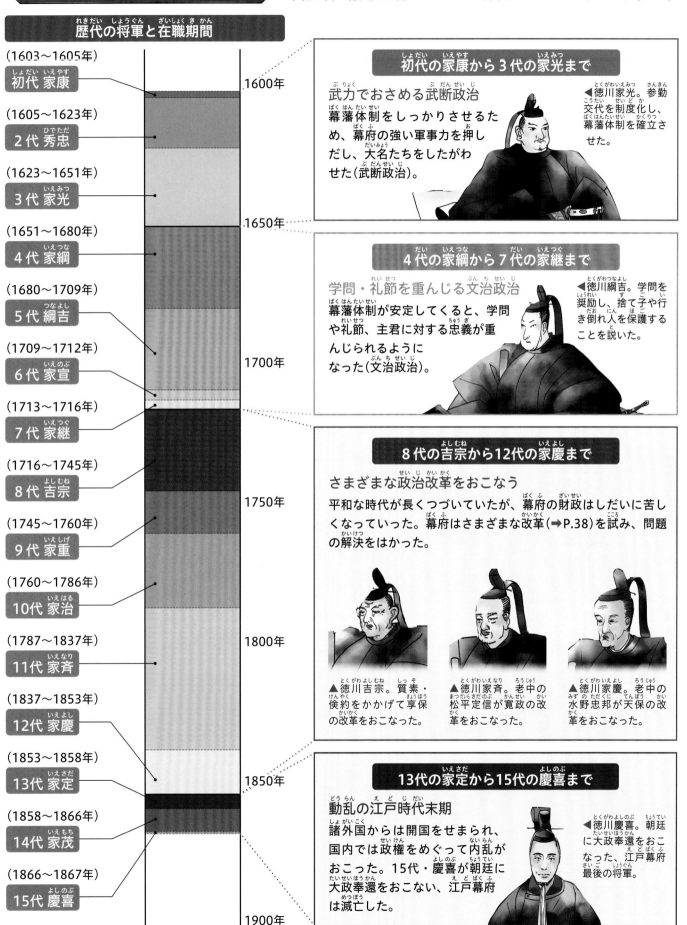

将軍をささえる組織

江戸幕府では、将軍のもとで多くの武士が日々政務をこなしていました。幕府の拠点である江戸をはじめ、各地の幕領にもさまざまな役職の武士がいて、幕府を運営していたのです。

◆役職を細かくして分担

初代将軍の徳川家康は江戸幕府をひらいたころ、有能な人材を側近として登用し、その人に多くの重要な仕事を任せていました。

そのひとりに、幕府の初期の重臣である大久保長安がいます。長安は幕領の石見や佐渡の金銀山など重要な鉱山の経営につとめたほか、大名への領地の割り当て、街道の整備、各地の土地調査などさまざまな仕事をまかされました。しかし、一部の有能な人材に多くをたよる政治には限界がありました。

➡④巻

そこで幕府はトップである将軍の下に、さまざまな役職をもうけていきました。役職はたいへん細かく分けられ、仕事の内容もきちんと定められました。それぞれの役職についた大名や旗本・御家人は日々仕事につとめ、それらが組織的にはたらくことで幕府という巨大な政権が運営されていったのです。

大久保長安
(1545～1613年)
▶猿楽師の子として生まれたが、武田信玄に家臣として取り立てられ、鉱山開発などの仕事をした。のちに徳川家康につかえ、土地の管理や鉱山経営をまかされた。

組織のしくみの移りかわり
幕府の組織づくりは、3代将軍の徳川家光のころまでにととのえられた。

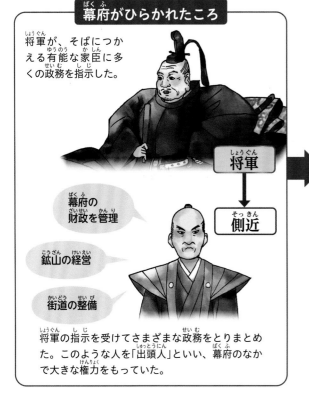

幕府がひらかれたころ

将軍が、そばにつかえる有能な家臣に多くの政務を指示した。

将軍

側近

幕府の財政を管理

鉱山の経営

街道の整備

将軍の指示を受けてさまざまな政務をとりまとめた。このような人を「出頭人」といい、幕府のなかで大きな権力をもっていた。

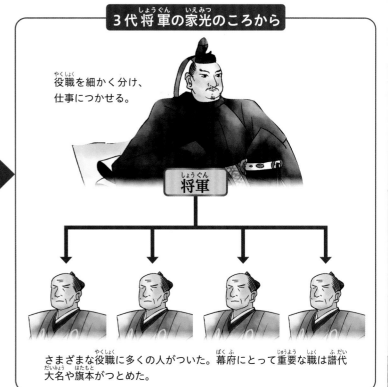

3代将軍の家光のころから

役職を細かく分け、仕事につかせる。

将軍

さまざまな役職に多くの人がついた。幕府にとって重要な職は譜代大名や旗本がつとめた。

◆将軍のもとで政務につく人々

　幕府のトップはあくまでも将軍ですが、実際の政務は老中が中心となって取り仕切りました。将軍の代がわりなど、幕府に重要なことがおこったときは、大老という役職が置かれ、老中や大老が話し合ってものごとを決めました（合議制）。老中の補佐をする若年寄、寺社を管理する寺社奉行などの役職ももうけられました。老中の下には大目付、勘定奉行、町奉行などが置かれ、大名や旗本を監督したり、幕府の財政を管理したり、江戸の町を守ったりしました。

幕府の主な役職

大老、老中、奉行といった重要な役職には、将軍の信頼があつい大名や旗本がつくことが多かった。

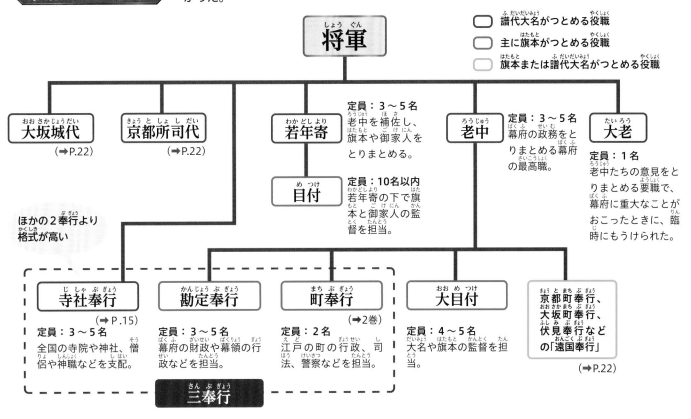

- 譜代大名がつとめる役職
- 主に旗本がつとめる役職
- 旗本または譜代大名がつとめる役職

将軍

大坂城代（→P.22）

京都所司代（→P.22）

若年寄
老中を補佐し、旗本や御家人をとりまとめる。

目付
定員：10名以内
若年寄の下で旗本と御家人の監督を担当。

老中
定員：3～5名
幕府の政務をとりまとめる幕府の最高職。

大老
定員：1名
老中たちの意見をとりまとめる要職で、幕府に重大なことがおこったときに、臨時にもうけられた。

ほかの2奉行より格式が高い

寺社奉行（→P.15）
定員：3～5名
全国の寺院や神社、僧侶や神職などを支配。

勘定奉行
定員：3～5名
幕府の財政や幕領の行政などを担当。

町奉行（→2巻）
定員：2名
江戸の町の行政、司法、警察などを担当。

三奉行

大目付
定員：4～5名
大名や旗本の監督を担当。

京都町奉行、大坂町奉行、伏見奉行などの「遠国奉行」（→P.22）

◀将軍に謁見する幕臣や大名たち。
市岡正一「徳川盛世録」東京都立中央図書館特別文庫室 蔵

◆全国の重要な地域をおさえる

江戸幕府はどのように遠方を管理していたのでしょうか。

幕府の遠方を管理する組織でとくに重要だったのが、京都所司代です。→P.14 古くからの権威である朝廷や、外様が多い西日本の大名は、つねに幕府にとっては警戒すべき存在でした。そのため幕府は、京都所司代を置いて朝廷や西日本の大名たちを監視したのです。

また、朝廷がある京都に加え、幕府にとって重要な都市である大坂と駿府には城代と町奉行をおきました。城代とは将軍のかわりに城に入り、政務をつかさどる役職のことです。なかでも大坂城代は、京都所司代とともに西日本の大名を監視する大事な役目をになっていました。

幕府にとって重要な地域はほかにもありま

す。金や銀がとれる鉱山の多い佐渡、家康を神としてまつる東照宮がある日光、大寺院の多い奈良、外国との貿易の窓口である長崎などです。→P.24 →④巻 →⑤巻 これらの地域にも奉行をおき、監視や経営をしっかりおこないました。江戸以外に置かれた町奉行や奉行を遠国奉行といいます。

京都町奉行と大坂町奉行は東西に分かれて隔月交代、日光や佐渡などの奉行は江戸より半年または隔年交代で勤務しました。

遠方を管理する役職と配置

京都所司代と大坂城代は将軍に直接つかえ、その他の城代や遠国奉行などは老中がとりまとめた。郡代は勘定奉行の下に置かれた役職で、幕領の行政や裁判などを担当した。

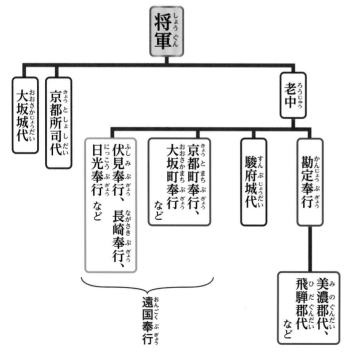

地図の見方

文字(紫) 主に譜代
文字(青) 主に旗本

大坂

大坂城代 定員：1名
大坂町奉行 定員：2名
大坂城代は大坂城を守り、京都所司代とともに西日本の大名の監視なども担当。大坂町奉行は大坂市中の行政や司法などを担当した。

長崎奉行
定員：2名
長崎の行政をはじめ、中国・オランダとの貿易や海防などをつかさどった。

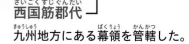

西国筋郡代
九州地方にある幕領を管轄した。

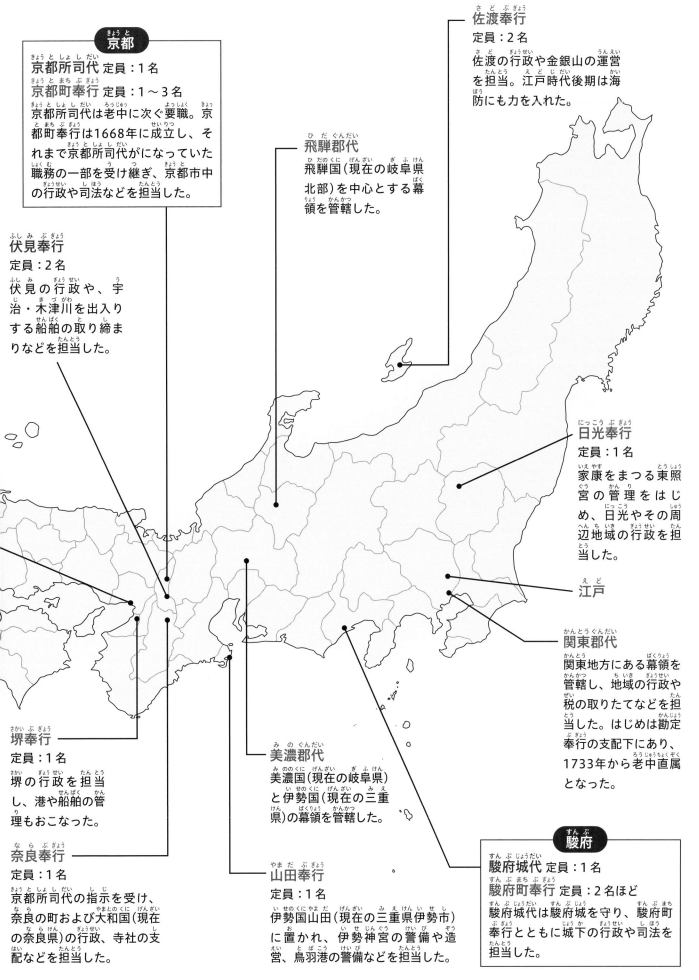

佐渡奉行
定員：2名
佐渡の行政や金銀山の運営を担当。江戸時代後期は海防にも力を入れた。

京都
京都所司代 定員：1名
京都町奉行 定員：1〜3名
京都所司代は老中に次ぐ要職。京都町奉行は1668年に成立し、それまで京都所司代がになっていた職務の一部を受け継ぎ、京都市中の行政や司法などを担当した。

飛騨郡代
飛騨国（現在の岐阜県北部）を中心とする幕領を管轄した。

伏見奉行
定員：2名
伏見の行政や、宇治・木津川を出入りする船舶の取り締まりなどを担当した。

日光奉行
定員：1名
家康をまつる東照宮の管理をはじめ、日光やその周辺地域の行政を担当した。

江戸

関東郡代
関東地方にある幕領を管轄し、地域の行政や税の取りたてなどを担当した。はじめは勘定奉行の支配下にあり、1733年から老中直属となった。

堺奉行
定員：1名
堺の行政を担当し、港や船舶の管理もおこなった。

美濃郡代
美濃国（現在の岐阜県）と伊勢国（現在の三重県）の幕領を管轄した。

奈良奉行
定員：1名
京都所司代の指示を受け、奈良の町および大和国（現在の奈良県）の行政、寺社の支配などを担当した。

山田奉行
定員：1名
伊勢国山田（現在の三重県伊勢市）に置かれ、伊勢神宮の警備や造営、鳥羽港の警備などを担当した。

駿府
駿府城代 定員：1名
駿府町奉行 定員：2名ほど
駿府城代は駿府城を守り、駿府町奉行とともに城下の行政や司法を担当した。

幕府の財源

江戸幕府を運営していくために、幕府はいくつもの財源をもっていました。幕府の主な財源と、つかいみちを見てみましょう。

◆主な収入のひとつだった年貢

江戸幕府の最大の財源は、幕領にくらす百姓たちからの税である年貢でした。幕府は、江戸時代中期には石高にして全国の約15パーセントにあたる広大な土地を幕領としていました。そこから得られる年貢は、江戸時代を通して政権運営のための重要な収入源でした。また、商工業にたずさわる町人たちには、運上金や冥加金といった税をおさめさせていました。

→P.44 ①江戸幕府の財政収入
→④巻

幕府は、佐渡や石見など、全国の主要な鉱山を直接管理していました。鉱山から産出する金や銀も重要な財源となりました。また、長崎を直轄地としてオランダや中国との貿易をおこなっていました。

→④巻
→⑤巻

幕府は、江戸城など幕府がもつ城や道路、橋などを修理したり整備したりするために、諸藩の大名や幕領の領民に人手をださせました(普請役)。江戸時代中期以降、人手のかわりに貨幣でおさめられるようになったので、これも幕府の収入となりました。

◀江戸時代後期の土木工事のようす。
曾槃占春「成形図説 8」国立公文書館 蔵

◆給与や大奥の費用などにあてる

幕府の財政の多くは、「蔵米(切米)」と「役料」にあてられました。蔵米(切米)は幕臣への俸禄米で、領地をもたない下級の旗本・御家人に春、夏、冬の3季に分けて支給されました。役料は、役職についた者への手当てで、幕臣の経済的な負担を軽くするために支給されたものです。

ほかにも、幕府がもうけた役所の経費や、江戸城内の大奥にかかる費用などがありました。また、毎年ではありませんでしたが、歴代の将軍が徳川家康の墓所である東照宮へ参拝する日光社参の費用も、幕府の大きな支出となりました。

→P.29

◀大奥の女性たち。大奥にかかる費用は年々増え、幕府の財政を圧迫する要因のひとつになっていった。
楊洲周延 画「千代田大奥 御花見」国立国会図書館 蔵

▶12代将軍の家慶のときの日光社参のようす。4代将軍の家綱の時代以降、幕府の財政に余裕がなくなってくると日光社参の回数も減っていった。
歌川国貞 画「日光御社参栗橋渡し船橋之図」東京大学史料編纂所 蔵

幕府をささえた主な財源

百姓や町人、大名などさまざまなところから収入を得た。主な財源の年貢は、米が不作になる年もあったので収入は安定しなかった。

年貢

年貢は、百姓の田や畑、家屋に課した税で、「本途物成」「本年貢」ともいう。収穫した米、またはお金で納めさせた。

▶百姓たちが、領主に納める年貢米を米俵につめているようす（江戸時代後期ごろ）。

中台芳昌校訂「老農夜話」東京大学史料編纂所 蔵

鉱山の金・銀・銅など

各地の幕領にある鉱山でとれる金や銀は、小判など貨幣の原料になるほか、幕府の主な輸出品として大きな利益を生んだ。

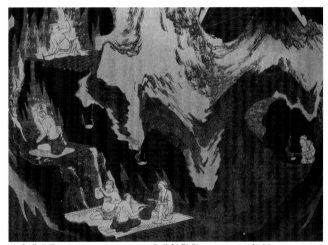

▲江戸時代後期にえがかれた、佐渡金銀山での金銀の採掘のようす。

歌川広重 画「諸国名所百景 佐渡金山奥穴の図」国立国会図書館 蔵

江戸時代中期以降、各地の鉱山では金や銀がとりにくくなった。そこで幕府は、小判1枚あたりにふくまれる金の量を減らし、浮いた分（出目）も貨幣改鋳益金という財源のひとつとした。➡P.44 ②小判にふくまれる金の割合

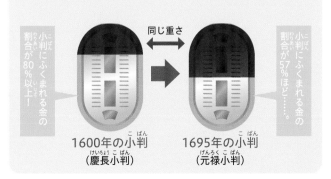

小判にふくまれる金の割合が80％以上！

同じ重さ

小判にふくまれる金の割合が57％ほど……

1600年の小判
（慶長小判）

1695年の小判
（元禄小判）

長崎貿易の収益

江戸時代前期の鎖国政策によって、幕府は長崎でオランダや中国との貿易をおこなった。主な輸出品は、前期は金や銀、それ以降は海産物をつめた俵物や生糸などだった。

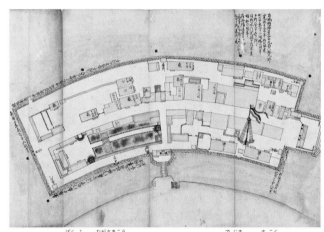

▲1636年、幕府が長崎港内につくった人工島「出島」。鎖国中、日本でただひとつのヨーロッパとの貿易地となった。

「長崎諸役所建物絵図」東京大学史料編纂所 蔵

町人などに課した税

運上金・冥加金

運上金は商工業や漁業、運送業などにたずさわる人々に課した税。毎年、一定の税率を定めて納めさせた。冥加金は、営業を許可した商工業者などに、利益の一部をお礼として納めさせたもの。

地子

町人に課した、いまでいう宅地税のようなもの。都市部では貨幣経済が進んでいたので、お金で納められることが一般的だった。そのため「地子銭」ともよばれた。

江戸城のようす①

江戸に建ち、幕府の本拠地だったのが江戸城です。歴代の将軍がくらし、大勢の幕臣や大名が出入りしました。3代将軍の徳川家光の時代(寛永期)の城のようすを見てみましょう。

◆徳川氏の権力を象徴する城

　現在の東京都千代田区、皇居がある場所に建っていたのが江戸城です。もともと江戸城は、15世紀に室町時代の武将の太田道灌が築いたものでした。その後、城の持ち主はたびたびかわり、徳川家康が城主になったのは江戸幕府をひらく少し前の1590年のことでした。その後、家康は全国の大名に命じて大改築をさせ、幕府の拠点にふさわしい巨大で立派な城にしていきました。改築は家康の死後もつづき、1637年、3代将軍の家光の代に一応の完成を見ます。

　江戸城には、政務の中心であり、将軍が仕事をしたり生活したりする本丸や、引退した将軍や次期将軍らがくらす二の丸、三の丸、西の丸などがありました。

　城のなかでもっとも目立つ天守は、家康、徳川秀忠、家光がそれぞれ建てかえ、家光の時代の天守は5層6階建てでした。

▲現在の皇居。手前が天守をささえていた天守台。本丸御殿跡は広場になっている。遠くに東京都心のビルが見える。

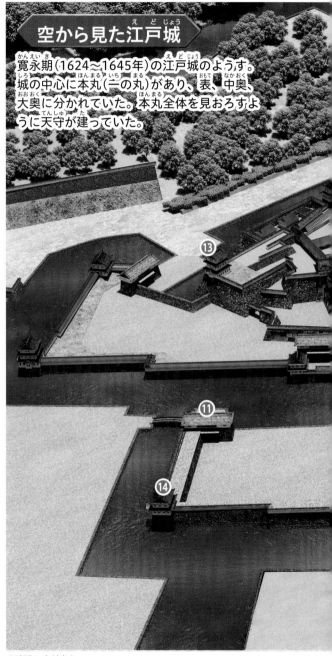

空から見た江戸城

寛永期(1624～1645年)の江戸城のようす。城の中心に本丸(一の丸)があり、表、中奥、大奥に分かれていた。本丸全体を見おろすように天守が建っていた。

CG制作：中村宣夫

江戸城のさまざまな施設

❶天守　建物の高さは天守台もふくめると60m前後あった。1657年の明暦の大火(➡2巻)で焼失したあとは再建されなかった。

❷玄関　本丸内の入り口(➡P.28)。玄関を入ると「遠侍」という登城した大名の控え室もあった。

❸大広間 本丸御殿の中でもっとも大きく、最高の格式がある部屋（➡P.28）。

❹松の廊下 大広間と白書院をつなぐ、全長約50mのL字型の大廊下（➡P.29）。

❺白書院 将軍と御三家などの対面所。大広間の次に格式が高いつくり（➡P.29）。

❻黒書院 白書院と同じ格式で、将軍と近しい者との対面に使われた（➡P.29）。

❼御座之間 将軍の居間。将軍の寝室である御休息之間（➡P.29）とつながっていた。

❽長局 長い1棟の中にいくつもの部屋があり、大奥の女性たちが住んでいた。

❾汐見坂 本丸と二の丸をつなぐ坂。坂の途中から江戸湾（現在の東京湾）が見えたのが名前の由来。

❿大手門 江戸城の正面入り口。城内の数ある門の中でもっとも重要な門。

⓫内桜田門 別名「桔梗門」。大名の登城は大手門と内桜田門からとされていた。

⓬山下門 本丸と西の丸をつなぐ門。西の丸が紅葉の名所だったことから「紅葉山下門」ともよばれた。

⓭富士見櫓 三重の物見櫓。明暦の大火で天守が焼け落ちたあとは、富士見櫓が天守のかわりとして使われた。

⓮桜田巽櫓 二重の物見櫓。三の丸を守るために建てられた。

＊江戸城のCGは、さまざまな資料をもとに寛永期のようすをできるだけ忠実に再現したものです。当時の城を完全に復元したものではありません。

江戸城のようす②

江戸城の中にはどのような部屋があり、どのようなことがおこなわれていたのでしょうか。
江戸城の中のようすを見てみましょう。

◆江戸城の中心である本丸御殿

江戸城内には、さまざまな建物がありました。将軍や大名たちの執務や、将軍の生活の中心となっていたのは本丸御殿でした。本丸は「表」「中奥」「大奥」の3つのエリアに分かれていました。表には、大きな儀式や行事がおこなわれる大広間や、白書院・黒書院とよばれる格式の高いつくりの部屋がありました。表は主に儀式をおこなう場所で、ほかにも老中や若年寄、大名たちが執務や議事をおこなう部屋がありました。

中奥は将軍が政務をとったり日常生活を送ったりするエリア、大奥は将軍の正室や側室とその子どもたちが生活するエリアです。大奥は本丸全体のおおよそ半分をしめており、多くの女性がくらしていました。大奥は、将軍以外の男性が入ることは原則禁止とされ、中奥とのあいだは塀で仕切られていました。

江戸城本丸御殿内のようす

本丸御殿の周囲に二の丸、三の丸、西の丸などがあり、敷地全体でおよそ30万坪の広さがあった。本丸の表にはさまざまな部屋があり、諸藩の大名が登城したときに入る部屋は、大名の格式によって分けられていた。

CG制作：中村宣夫

大広間と玄関（表）

▼大広間。壁には縁起のよい松と鶴がえがかれていた。

表の玄関からもっとも近い大広間は、約400畳もある広い部屋。本丸御殿の中でもっとも格式の高いつくりで、年始の重要な行事や外国人との謁見などがとりおこなわれた。部屋の中は階段状になっており、上段（上図の左側）に将軍が座り、大名たちはその下の段に格式順にならぶことで、両者の主従関係がはっきりとわかるようになっていた。

▶大広間につづく玄関のようす。

能舞台(表)

大広間に面する場所に建っている能舞台。行事や儀式がおこなわれるときは、ここで能が披露された。祝いごとで能がもよおされるときは、数日のうちの1日を「町入能」として町人が能を見ることをゆるしていた。

▲大広間側から見た能舞台のようす。

松の廊下(表)

大広間から白書院へとつづく大きく長い廊下。ふすまに松がえがかれていることから、この名前でよばれていた。赤穂浪士たちによる討ち入りで知られる赤穂事件の舞台となった場所でもある。

▲松の廊下のようす。

白書院・黒書院(表)

白書院と黒書院は大広間についで格式の高いつくりの部屋。白書院は、年始や五節句などのときに御三家(➡P.31)との対面に使われた。また、黒書院は将軍と大名や老中などの日常的な対面の部屋として使われていた。

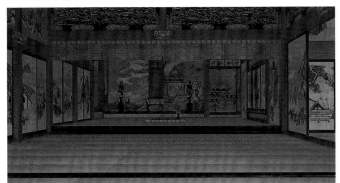

▲白書院の中のようす。

御休息之間(中奥)

中奥にある将軍のプライベートな部屋のひとつで、主に寝室として使われていた。将軍の代がわりがおこなわれるたびに、新しい将軍の好みにあった部屋に建てかえられた。

▲御休息之間の中のようす。

御殿向(大奥)

大奥は、中奥とは塀で仕切られ、御鈴廊下という2本の通路でのみつながっていた。大奥には御殿向というエリアがあり、将軍の寝室や正室の部屋があった。御殿向にはほかに、大奥ではたらく女中たちの詰め所や、歴代の将軍の位牌が置かれた御仏間などがあった。

▶御殿向にある御座之間とよばれる部屋のようす。儀式のある日には、将軍とその正室がここで儀式をとりおこなった。

藩の種類と役割

全国の大名たちがおさめていた藩は、江戸幕府とのかかわり方によって「親藩」「譜代」「外様」という種類がありました。それぞれの特徴や代表的な藩を見ていきましょう。

◆小さな国家だった藩

第1章でものべたように、江戸幕府にしたがう大名がおさめていた領地が藩です。藩はまた、その領地を支配するしくみのこともさします。藩の数は、幕府による改易などで増えたり減ったりしていましたが、江戸時代を通じてつねに270前後の藩が存在していました。 ➡P.12

大名は幕府に監視されながらも、それぞれの領地を独自におさめることがゆるされていました。藩はそれぞれが独立した小国家のようなものだったのです。親藩と譜代の大名は幕府でも高い役職 ➡P.8 につき、江戸にでて政務をおこなっていました。

大名は当初、位の高い武士（家臣）たちに藩内の土地をあたえ、武士は自分の領内の百姓を支配したり、年貢をおさめさせていたりしました。しかし、その後、大名はこのようなやり方を改め、藩領を直轄地としました。武士たちを城下町に集め、それぞれ役職をつけて政務につかせました。そして、藩におさめられた年貢から給料（米）を支給するようにしました。

藩のしくみがおおよそととのってくると、大名のもとでそれぞれの藩は独自の発展をとげていきました。

親藩・譜代・外様の数

グラフは、江戸時代末期（1866年ごろ）の大名の数をあらわしたもの。江戸時代を通じて、親藩・譜代・外様の割合はあまりかわらず、幕府の要職につく譜代がいちばん多かった。

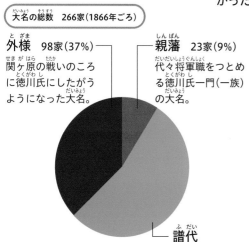

大名の総数　266家（1866年ごろ）

外様　98家（37%）
関ヶ原の戦いのころに徳川氏にしたがうようになった大名。

親藩　23家（9%）
代々将軍職をつとめる徳川氏一門（一族）の大名。

譜代　145家（54%）
古くから徳川氏の家臣だった大名。

詳説日本史図録編集委員会 編『山川 詳説日本史図録（第7版）』（山川出版社、2017年）「大名の分類と数」をもとに作成

▲正月、将軍にあいさつするため江戸城に集まった大名たち。
楊洲周延 画「千代田之御表 正月元日諸侯登城御玄関前之図」国立国会図書館 蔵

親藩

主な親藩
尾張徳川家／紀伊徳川家／水戸徳川家／田安徳川家／一橋徳川家／清水徳川家／松平家 など

◆将軍家の血筋を守る存在

親藩は、幕府の権力を強め、政治を補佐する役割をもった大名です。なかでもとくに格式が高かったのが「御三家」とよばれる尾張徳川家(尾張藩)・紀伊徳川家(紀伊藩)・水戸徳川家(水戸藩)の3家です。それに次ぐ格式の藩(家)を「御三卿」、それ以外の親藩は「御家門」とよばれました。

御三家と御三卿は、代々「徳川」を名乗ることをゆるされていました。将軍家に跡継ぎができないときは御三家か御三卿から将軍をだすことになっており、将軍家の血筋を守る重要な存在でした。

御三家と御三卿

格式が高い順に「御三家」「御三卿」「御家門」とよばれる家が親藩となった。御三家と御三卿は「徳川」を名乗り、御家門は「松平」を名乗ることができた。

御三家

> 親藩のなかでもっとも格式が高い

御三家の祖は家康の3人の息子です。九男が尾張、十男が紀伊、十一男が水戸の藩主になったのがはじまりです。いずれも将軍の一族として大きな権威をもつ大名でした。

- ●尾張徳川家(尾張藩)
- ●紀伊徳川家(紀伊藩)
- ●水戸徳川家(水戸藩)

▶御三家のひとつ、紀伊徳川家から徳川吉宗(8代)や徳川家茂(14代)が将軍になった(右は吉宗)。

御三卿

> 御三家につぐ格式

御三卿は、8代将軍の吉宗や9代将軍の徳川家重の息子を祖とします。江戸城内に屋敷をもち、家老などは幕府から任命されました。

- ●田安徳川家(吉宗の次男が祖)
- ●一橋徳川家(吉宗の四男が祖)
- ●清水徳川家(家重の次男が祖)

▶御三卿のひとつ、一橋徳川家から徳川家斉(11代)や徳川慶喜(15代)が将軍になった(右は家斉)。

御家門

御三家と御三卿をのぞく、徳川将軍家の分家です。御家門は、家康のもとの姓である「松平」を名乗ることができました。

- ●越前松平家(福井藩)
- ●会津松平家(会津藩)

など

◀福井藩16代藩主の松平慶永(1828〜1890年)。
国立国会図書館 蔵

家光の弟・保科正之を祖とする会津松平家

会津藩

- ●藩庁：陸奥国会津郡若松(現在の福島県会津若松市)
- ●主な藩主：保科正之、松平容保 など

1643年に3代将軍の徳川家光の弟である保科正之が藩主となりました。正之は、領内の百姓に農具を安く貸しだす社倉制度や、領内の物資を領外へだすことを禁じる法律などをさだめました。また、家光の死後は、まだ幼かった4代将軍の徳川家綱を補佐し、幕府の政治に深くかかわりました。

保科正之
(1611〜1673年)
◀藩主としての心得を記した「会津家訓十五カ条」を残すなど、藩体制の基礎をかためた。
狩野探幽 画「保科正之画像」東京大学史料編纂所 蔵

▶会津漆器。正之は会津漆器の生産や酒づくりも奨励。これらは現在までつづく会津地方の特産物(➡4巻)。
写真提供：公益財団法人 福島県観光物産交流協会

譜代

主な譜代
井伊家／本多家／榊原家／酒井家／柳生家 など

◆将軍をたすける要職を独占

譜代は、江戸幕府から親藩に次いで特別なあつかいを受けた大名です。幕府の政治をとりしきる大老や老中の役職は譜代がつとめ、江戸周辺や大坂、京都など幕府にとって重要な地域の管理もまかされました。徳川氏に忠実な「根っからの家来」である譜代だからこそ、幕府がひらかれたあとも将軍をたすける要職を独占できたのです。

松平定信（1759〜1829年）
▶白河藩（現在の福島県白河市など）の藩主をつとめ、のちに幕府の老中となった。幕府では寛政の改革（➡P.41）を押し進めた。楊洲周延画「松平定信画像」東京大学史料編纂所 蔵

歴代藩主が幕府の要職をつとめた

小浜藩

●藩庁：若狭国小浜（現在の福井県小浜市）
●主な藩主：酒井忠勝、酒井忠義 など

酒井忠勝の父・酒井忠利は若いころから家康につかえ、川越藩主となりました。跡を継いだ忠勝は、1634年に小浜藩主となり、藩の政治に心をくだきました。のちに幕府の老中や大老として将軍をささえました。以後、歴代藩主からは寺社奉行や大坂城代など、幕府の要職をになう人物が輩出されました。

酒井忠勝（1587〜1662年）
▲江戸での仕事が忙しく、若狭国にはほとんどいられなかったという。
「絹本著色酒井忠勝肖像画」小浜市 蔵

▲小浜藩が生産を奨励した漆器「若狭塗」。小浜市の伝統工芸品としていまもつくられている。写真の若狭塗箸がとくに有名。
写真提供：若狭塗箸協同組合

譜代大名筆頭の井伊家がおさめた

彦根藩

●藩庁：近江国彦根（現在の滋賀県彦根市）
●主な藩主：井伊直政、井伊直弼 など

井伊直政は若いころから家康につかえ、戦場で多くの武功をあげました。彦根藩は35万石と譜代のなかでもっとも石高が多く、譜代の筆頭で、歴代藩主から6人も大老を送り出しています。なかでも幕末に藩主となった井伊直弼は、徳川家茂が14代将軍に就任する後押しをし、1858年に大老となりました。

井伊直弼（1815〜1860年）
◀大老として日米修好通商条約に調印した（➡5巻）。
井伊直安 画「井伊直弼画像」大谿山 豪徳寺 蔵

▶江戸時代は牛肉食が禁止されていたが、彦根藩は特別に牛肉の生産がゆるされ、徳川将軍家や諸藩へ薬用の肉を献上・贈呈していた。いまも「近江牛」（写真）として彦根市の名物。

ものしりばなし

「藩」がなくなり「府」「県」が誕生
廃藩置県! 大名たちの反応は?

明治時代になり、廃藩置県によってそれまでの藩ではなく、府や県がおかれることになりました（➡5巻）。それまで藩主だった大名たちの反応はどうだったのでしょうか。はげしい反発があったのではと考えられそうですが、大名の多くは大きな抵抗をせず受け入れたといわれています。江戸時代末期はどの藩も財政難に苦しんでいました。新しい制度が受け入れられた理由のひとつには、藩の借金を政府が肩代わりするという救済策があったことがありました。

借金

【外様】

主な外様
前田家／島津家／伊達家／毛利家／上杉家／山内家 など

◆幕府の政治に参加できず

外様の多くはもと戦国大名であったり、豊臣氏がとり立てた者でした。関ヶ原の戦いのころに徳川氏にしたがった者が多く、幕府からはつねに警戒されていました。そのため外様の多くは広い領地はもっていても、江戸やその他の要地から離れた地域に配置され、幕府の政治にもほとんど参加できませんでした。

▶外様の藩ひとつ、薩摩藩（現在の鹿児島県と宮崎県）の居城だった鹿児島城（復元）。江戸時代末期、薩摩藩は同じ外様の長州藩とともに、幕府をたおす原動力となった。
写真提供：鹿児島県文化振興課

江戸の食をささえた米どころ
仙台藩

- ●藩庁：陸奥国仙台（現在の宮城県仙台市）
- ●主な藩主：伊達政宗、伊達吉村 など

東北地方を広くおさめていた伊達政宗が初代藩主です。政宗は北上川を改修して航路をひらいたり、外国との貿易をめざして使節団を派遣したりするなど、藩の発展に尽くしました。藩の石高は62万石で、米や農産物を海路で江戸へ運び、大きな利益を得ていました。

伊達政宗（1567〜1636年）
▲「独眼竜」の異名で知られる。
土佐光信 画「伊達政宗画像」東京大学史料編纂所 蔵

▲政宗の政策で江戸へ米を運ぶ港として発展した石巻港。いまは日本有数の貿易港として知られる。
写真提供：(株)七星社

120万石の大大名
加賀藩

- ●藩庁：加賀国金沢（現在の石川県金沢市）
- ●主な藩主：前田利家、前田利長 など

前田利家は、織田信長や豊臣秀吉につかえたのち、徳川家康につかえ、加賀藩の初代藩主となりました。2代藩主の前田利長の時代に120万石の大大名となりましたが、外様だったため改易にあわないよう細心の注意をはらいました。3代藩主の前田利常と5代藩主の前田綱紀は学問や工芸を奨励しました。

前田利家（1538〜1599年）
◀「加賀百万石」とよばれる藩の基礎を築いた。
「前田利家画像」東京大学史料編纂所 蔵

▶石川県でつくられている輪島塗（写真）や九谷焼、加賀蒔絵などは、5代藩主、綱紀の時代に藩の特産物として発展した（➡4巻）。写真提供：輪島漆器商工業協同組合

ものしりばなし
一度なくなったあと復活した
鳥取県

1871年の廃藩置県で、鳥取藩は鳥取県と名前がかわりました。しかし1876年、となりの島根県に併合されてしまい、鳥取県は一度なくなってしまいます。その後、鳥取の人々のあいだで、「鳥取県再置運動」がおこりました。熱心な活動が実をむすび、1881年9月12日、島根県から分かれて再び鳥取県が成立しました。これがいまの鳥取県です。9月12日は現在「とっとり県民の日」に定められています。

1881年9月12日復活！

大名の参勤交代

江戸幕府が定めた大名の代表的な義務に「参勤交代」があります。どのような制度だったのか、そのしくみや諸藩の参勤交代のようすを見てみましょう。

◆1年ごとにある大名の大移動

参勤交代とは、1年おきに大名たちが交互に江戸に滞在し、将軍にあいさつをすることです。徳川家康の時代から将軍への忠誠をしめすための参勤がおこなわれていましたが、3代将軍の徳川家光のときに大名の義務とさだめられました。大名 →P.44③ は毎年、大人数で江戸と国元のあいだを移動することになったのです。この制度ははじめ外様の義務でしたが、やがて親藩や譜代にも義務付けられるようになりました。参勤交代は諸大名が将軍にしたがうことをしめすためのものだったため、これをおこたると幕府に対する反逆とみなされ、罰せられました。

全国の大名の所在

また、大名は正妻と跡継ぎを江戸の大名屋敷に住まわせなければいけませんでした。大名自身は江戸に1年、国元に1年、交互に住み、江戸にいるあいだ、大名は決められた日に江戸城へ登城したり、幕府の行事に参加したりしました。

参勤交代の大名行列のようす

参勤交代において、大名が大勢の家臣をひきつれて歩くことを大名行列という。大名は藩の威厳を示すため、江戸や国元、宿場（➡3巻）に入るときには隊列をととのえ、おごそかに行進した。

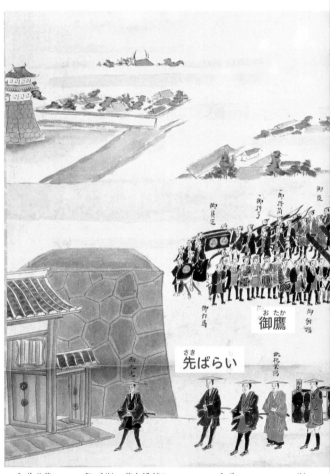

御臣　御鷹　御茶弁当　御持筒　御持弓　御馬印　御具足
御鷹　御代馬　御召替馬
御鷹
先ばらい

▲江戸時代後期の会津藩の大名行列のようす。江戸からもどり、藩の居城である若松城に入ろうとしているところ。
「会津藩主参勤交代行列図」会津若松市立会津図書館 蔵

◀江戸時代中期ごろの会津藩邸。江戸にでてきた大名や家臣たちは、江戸城の周辺にある藩邸で1年間くらした。
歌川広重 画「江戸勝景 芝新銭座之図」国立国会図書館 蔵

先ばらい

大名行列の先頭で、行列のさまたげになるものをとりのぞいたり、人ばらいをしたりした。

お使い番

大名行列全体の巡視や、連絡が必要なときの伝令をつとめた。

鉄砲隊

鉄砲足軽からなる部隊。鉄砲を赤い毛織に入れ、肩にかついで運んだ。

弓隊

弓を備える部隊。弓と矢を一緒にしまえる道具「弓立」を肩にかついで運んだ。

槍隊

槍を備える部隊。槍の色やさやの形などで、どの大名家の行列なのかがわかった。

毛槍

槍のさやを鳥の羽毛でかざった槍をもつ。

御鷹

鷹狩に使う鷹。参勤交代の道中で大名が鷹狩をすることがあった。

茶坊主など

大名にお茶をたてる茶坊主などがいた。

大名が乗るかご

前後から人がかついで運ぶ乗物を「かご」という。大名など高い身分の人が乗るものは「乗物」ともよんだ。

小姓

大名の身のまわりの世話をした。

後押さえ

行列の後ろを進み、危険がないか周囲に気を配った。

鎧などが入った箱

兜や鎧は「鎧びつ」という箱の中に入れて保管して運んだりした。

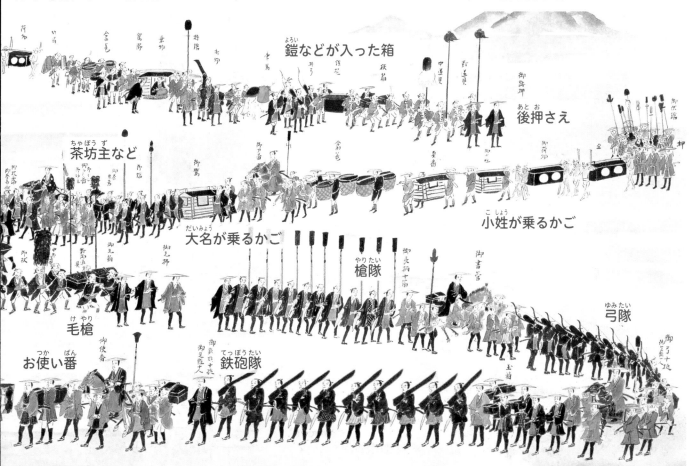

鎧などが入った箱 / 後押さえ / 茶坊主など / 小姓が乗るかご / 大名が乗るかご / 槍隊 / 弓隊 / 毛槍 / 鉄砲隊 / お使い番

ものしりばなし

大名のかわりに藩をまとめる 留守番をまかされた家老

大名や多くの家臣が江戸に勤めているあいだ、藩の運営はだれがおこなっていたのでしょうか。それは「家老」という重臣がおこなっていました。家老は藩の政務をはじめ、さまざまなことをとりしきる立場で、江戸幕府でいえば将軍に次ぐ老中の役職にあたります。

領地の運営は、国元の家老（「城代家老」「国家老」といわれる）が担当しました。国元の家老が判断できないことがおこった場合、江戸に使者を派遣して大名の指示をあおぐこともありました。なお、江戸にも大名を補佐する家老がおり、こちらは「江戸家老」とよばれました。

◆藩の財政を圧迫した参勤交代

大名行列は藩の威厳をしめすために、行列の人数は多く、きらびやかにおこなわれることが一般的でした。人数は10万石程度の藩で数百人、100万石をこえる藩だと数千人にもなりました。

参勤交代は将軍に対する軍役（軍事的なつとめ）が名目だったので、鉄砲や刀、弓、甲冑などの武具を持ち運ばなければなりませんでした。ほかに自分たちの食料や食器、着替え、寝具などさまざまな荷物があり、これらを運ぶためにも人数を多

くせざるを得ない事情もあったのです。

移動にかかる費用はすべて藩の負担でした。大勢が移動するので大金がかかり、藩の財政を圧迫しました。さらに、江戸にある大名屋敷の維持費や江戸での生活費も藩が負担しなければなりませんでした。

そのため、なかには経費を少しでもおさえようとする藩もでてきます。参勤交代があるときだけ人足や毛槍持ちをやとったり、国をでるときや江戸に入るときだけ臨時で人をやとって大名行列の人数を多く見せたりしました。

大名行列の規模や経費

諸藩とも江戸時代前期は大名行列の人数は多かったが、財政難でしだいに人数は少なくなっていった。

主な大名行列の人数

藩名（大名名）	石高	人数
加賀藩（前田家）	102万石	2000〜4000人
熊本藩（細川家）	54万石	700〜2700人
盛岡藩（南部家）	10万石	300〜600人
福江藩（五島家）	1万2000石	約40人

山本博文 監修『参勤交代』（ポプラ社、2015年）「おもな藩の大名行列の人数」をもとに作成

江戸時代前期の松江藩の財政

総額 14万2467両

▶松江藩の財政は、家臣への俸禄（給料）以外は、多くが参勤交代の道中と江戸での生活費に費やされた。

竹内誠 監修『江戸時代館』（小学館、2011年）「松江藩の財政」などをもとに作成

- 道中銀 3640両（3%）　宿泊費など参勤交代の移動時にかかる費用。
- 江戸での生活費 4万3198両（30%）　大名屋敷の維持費、大名や妻子、家臣の食費など。
- 京都・大坂での費用 3429両（2%）
- 国元での費用 2万8383両（20%）　領地の運営にかかる費用。
- 俸禄 6万3817両（45%）

ものしりばなし　江戸

見物客でにぎわった登城の日
重宝した「大名ガイドブック」

江戸に勤める大名が、将軍にあいさつするため江戸城に入ることを登城といいます。大名の登城日は決められていて、毎月1日、15日、月末、5月5日の端午の節句や、8月1日の八朔などがそうでした。諸藩の大名が家臣たちとともに行列で登城する日は、見物人もでるちょっとしたイベントでした。人々は江戸城の大手門前に集まり、大名の名前や家紋、藩の石高などが紹介された『武鑑』を片手に行列を見物したのです。

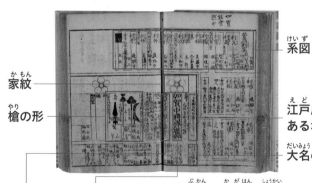

- 系図
- 家紋
- 槍の形
- 江戸屋敷のある場所
- 大名の名前
- 大名の妻
- 家臣の名前

▲『武鑑』の加賀藩を紹介したページ。
「文化武鑑」国立国会図書館 蔵

主な大名行列のルート

参勤交代のときには、陸路だけでなく海路を利用する藩もあった。九州地方や中国地方、四国地方の藩は、城下町近くの港から船で大坂まで行き、川船に乗りかえて京都から陸路で江戸へむかうというルートを通った。

大名行列のコースや距離（江戸時代中期）

地図の見方

藩の名前（現在の地域）
大名（大名の種類）
石高
国元から江戸までの距離
国元から江戸までの日数

※コースや日数は年によって異なる場合がある。

盛岡藩（岩手県）
南部家（外様）
10万石
約560km
12泊13日

津山藩（岡山県）
松平家（親藩）
10万石
約740km
16泊17日

鳥取藩（鳥取県）
池田家（外様）
32万石
約700km
21泊22日

高田藩（新潟県）
榊原家（譜代）
15万石
約290km
7泊8日

薩摩藩（鹿児島県）
島津家（外様）
73万石
約1600km
40〜60日

広島藩（広島県）
浅野家（外様）
43万石
約900km
約20日

下妻藩（茨城県）
井上家（譜代）
1万石
約80km
2泊3日

宇和島藩（愛媛県）
伊達家（外様）
10万石
約1100km
約30日

盛岡 / 高田 / 下妻 / 江戸 / 京都 / 鳥取 / 津山 / 広島 / 室津 / 大坂 / 下関 / 小倉 / 宇和島 / 長崎 / 鹿児島 / 瀬戸内海

山本博文 監修『参勤交代』（ポプラ社、2015年）
「おもな大名行列のコースと日数」をもとに作成

◀熊本藩主、細川家の船による参勤交代のようす。中央の大きな船が大名が乗る御座船。御座船を中心に、家臣が乗る船や荷物を積んだ船などが瀬戸内海を進んだ。

「熊本藩主細川氏御座船鶴崎入港図」大分市歴史資料館 蔵

さまざま問題への対策

政権を維持し、社会の変化にも対応するため、幕府では政治改革がたびたびおこなわれました。とくに江戸時代中期から後期にかけては、将軍や老中が次々と改革をおこないました。

◆大きくゆらぎはじめる社会

初代将軍の徳川家康から3代将軍の徳川家光の時代までに幕藩体制がおおよそかたまり、争いのない平和な世のなかが生まれました。5代将軍の徳川綱吉の時代までには、経済が発展し豊かになる人々も増えていきました。

その一方で、江戸時代中期になると幕府はしだいに財政難になっていきます。幕領の鉱山からとれる金や銀が減ってきたこと、大火や天災で被
➡P.45 ⑤江戸時代の主な災害
害を受けた町や村の救済などで出費がかさんだことなど、さまざまな理由からでした。また、大規模なききんで不作に苦しむ百姓たちが、領主に年貢の軽減を求める一揆をおこすなど、社会は大きくゆらいでいました。
➡P.45 ⑥江戸時代の主な一揆と打ちこわし

これらの国内の問題に対し、幕府は政治改革をおこなって乗り越えようとしました。しかし、江戸時代後期には外国船が日本近海にひんぱんにあ
➡P.45 ④日本近海の外国船の出没数
らわれて通商を要求し、幕府は外国への対応も迫られるようになりました。

江戸時代中期以降の主な改革

江戸時代中期から後期にかけて、幕府がおこなった政治改革は主に4つある。将軍が主導したもの、将軍をささえる老中が中心となって主導したものがある。

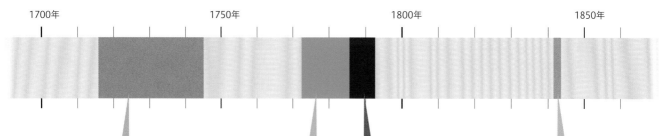

| 1700年 | 1750年 | 1800年 | 1850年 |

享保の改革

1716～1745年

8代将軍の徳川吉宗がおこなった。質素・倹約につとめ、新田開発（➡4巻）をおこない、幕府の財政を立て直した。

田沼意次の政治

1772～1786年

10代将軍、徳川家治の時代の老中である田沼意次がおこなった。商業を盛り立て、財政を直そうとした。

寛政の改革

1787～1793年

11代将軍、徳川家斉の時代の老中である松平定信がおこなった。質素・倹約につとめ、外国からの危機にも対応した。

天保の改革

1841～1843年

12代将軍、徳川家慶の時代の老中である水野忠邦がおこなった。幕府の権力を強め、国防も強化しようとした。

享保の改革

◆改革を引っぱった8代将軍

享保の改革は、8代将軍の徳川吉宗がおこないました。吉宗は強いリーダーシップで、さまざまな政策を実施しました。吉宗は改革にあたり、町奉行の大岡忠相をはじめ、東海道・川崎宿の名主だった田中丘隅など、多くの有能な人材を起用し、将軍みずから改革に取り組みました。

改革の中心は、財政の再建でした。質素倹約をかかげ、支出を徹底的におさえました。そして、幕府の収入になる年貢米を増やすため全国で新田開発を進めたほか、大名たちから臨時に上げ米をおさめさせ(上米の制)、代わりに参勤交代で江戸にいる期間を短縮しました。

吉宗は、江戸の都市政策にも取り組みました。江戸は火事が多い町だったので、町火消という現在の消防団にあたる組織をつくるなど、消防の強化につとめました。また、評定所(裁判機関)の門前に目安箱という箱を置き、庶民の意見や要望を直接将軍に投書できる制度もつくりました。このような吉宗の改革は一定の効果を上げ、幕府の財政は立ち直りを見せました。

主な政策
享保の改革における主な政策を紹介。

経済政策

上げ米の実施
藩の石高1万石につき100石の米を幕府におさめさせた。代わりに大名の参勤交代の際、江戸にいる期間を1年から半年に短縮。

定免法の導入
年貢率を引き上げ、収穫量にかかわらず一定期間高い年貢率にする定免法に変更した。

商品作物の奨励
朝鮮人参、さとうきびなど、さまざまな商品作物の栽培を奨励した。凶作にそなえ、甘藷(さつまいも)の栽培も広めた。

米の価格の調節
米の価格を調節するため、大坂の堂島米市場(現在の大阪府大阪市にあった)を公認した。

▶ 堂島米市場のようす。
歌川広重 画「浪花名所図会 堂じま米あきない」国立国会図書館 蔵

新田開発
新田開発によって、幕領の石高を増やした。その結果、おさめられる年貢の量も増加した。

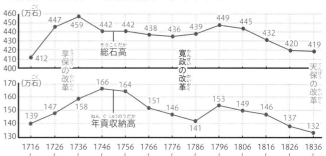

●幕領の総石高と年貢収納高の移りかわり

詳説日本史図録編集委員会 編『山川 詳説日本史図録(第7版)』(山川出版社、2017年)「幕領の総石高と年貢収納高」をもとに作成

都市政策

目安箱の設置
目安箱に寄せられた意見から、小石川養生所という医療機関がつくられた。幕府以外にも設置した藩があった。

▲ 美濃国(現在の岐阜県)岩村藩にもうけられた目安箱。
写真提供:恵那市教育委員会

町火消の設置
江戸では47組(のち、48組)を結成し、消防の強化をはかった。

田沼意次の政治

◆商人の経済力を大きく利用

10代将軍の徳川家治の時代、田沼意次が1772年に老中となりました。享保の改革で立ち直りを見せた幕府の財政は、再びゆきづまりつつあり、意次は財政の立て直しをはかりました。

それまでの、ひたすら支出を減らし、百姓たちからの年貢にたよる政策が限界にきていたため、意次は商業や流通を活発にし、そこから得られる利益の一部を幕府の財源にしようと考えました。その政策が、株仲間の公認でした。

株仲間とは、同業の商工業者どうしでつくる組合のことです。株仲間に入ると、仕入れや販売を独占的におこなえるようになります。意次は営業の独占を認めるかわりに、利益の一部を運上金や冥加金としておさめさせました。
→P.25

ところが、特権を得ようとする商人から幕府役人へのわいろが増えるという問題が発生し、幕府内での批判が高まりました。また、冷害や浅間山の噴火による天明のききんなど相次ぐ天災に見まわれる不運も重なりました。1786年に意次は失脚し、多くの政策も中止されました。
→P.45 ⑤江戸時代の主な災害

主な政策

意次の政治における主な政策を紹介。

経済政策

株仲間の公認

株仲間の制度は享保の改革のときからあったが、意次は商工業を活性化し、幕府の財政をうるおすため、この株仲間の結成を積極的に認めた。

▲幕府から商工業者に交付された株仲間の鑑札（営業証書）。
「鑑札 株仲間札」明治大学博物館 蔵

長崎貿易の拡大

長崎での貿易を拡大するため、銅や俵物（干しなまこやふかひれなどの海産物）を積極的に輸出した。また、貨幣の原料となる金・銀を輸入した。

▲俵物。中国で高級食材とされていた干しあわび、ふかひれ、いりこ（干しなまこ）などを俵につめたもの。

調査や開発

蝦夷地の調査

仙台藩の医師・工藤平助が提出した『赤蝦夷風説考』の意見を取り入れ、最上徳内らを蝦夷地（現在の北海道）へ派遣して、鉱山開発などの可能性をさぐらせた。

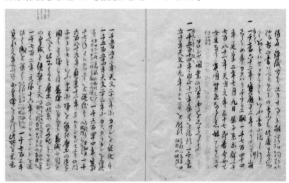

▲『赤蝦夷風説考』。松前や長崎の人々から聞いたことをもとに、赤蝦夷（ロシア人）や蝦夷地の現状、対ロシア貿易についての提案が書かれている。最上徳内「赤蝦夷風説考」国立公文書館 蔵

印旛沼・手賀沼の干拓

下総国（現在の千葉県）にある印旛沼と手賀沼を干拓し、新田開発をしようと計画した。しかし、利根川のはんらんや意次の失脚によって計画は中止された。

利根川
手賀沼
印旛沼

寛政の改革

◆国内外の問題に対応する

田沼意次にかわって幕府の政治をとりしきったのが、松平定信です。定信は、11代将軍の徳川家斉のもと1787年に老中となり、質素・倹約をかかげながら国内外の対策をおこないました。この年は、天明のききんの影響で江戸や大坂など主要都市で打ちこわしがあいつぎました。

定信は荒れた農村を復興させるため、災害やききんなどで没落し、江戸へ流入していた百姓らに資金をあたえて村へもどし、田畑を復旧させよう

としました。ききん対策としては、村に「社倉」や「義倉」をつくり、米穀を蓄えさせました（囲米）。また、定信は、湯島聖堂の学問所における朱子学以外の学問の講義や研究を禁じました。庶民へもきびしい統制をしいて、政治への批判をする本の出版や村での芝居を禁止しました。そのため、人々のあいだに不満がつのりました。

また、このころはロシア船やイギリス船、アメリカ船などが日本近海にたびたびあらわれ、通商を求めるなどしたため、幕府は海防への対策も迫られました。

主な政策

寛政の改革における主な政策を紹介。

農村対策

囲米

ききんの備えとして、各地に「社倉」「義倉」という蔵をつくらせ、米穀を保管させた。

▲広島県竹原市に残る広島藩の社倉。
写真提供：竹原市観光協会

旧里帰農令

ききんのため村でくらせなくなり、江戸へきていた百姓のうち、職業についていない者に補助金をあたえて村へ帰した。

思想・出版の統制

寛政異学の禁

湯島聖堂の学問所での、朱子学以外の学問の講義や研究を禁止した（➡6巻）。

出版の取り締まり

政治を批判したり、風俗を乱したりするような本を取り締まり、作者や出版元を処罰した（➡6巻）。

▶幕府が取り締まった「黄表紙」とよばれる本。しゃれや風刺が効いていた。山東京伝「堪忍袋緒〆善玉」国立国会図書館 蔵（2点とも）

都市政策

人足寄場の設置

隅田川河口の石川島に人足寄場をつくった。江戸に入ったものの、住む家も郷里にもどるあてもなく市中をうろついている人々を集め、職業訓練をして社会復帰させた。

大工や髪結い、紙すきなど、さまざまな職業訓練施設があった。

◀1790年ごろの人足寄場。
詳説日本史図録編集委員会 編『山川 詳説日本史図録（第7版）』（山川出版社、2017年）「人足寄場」をもとに作成

七分積金

江戸の町ごとに、町の運営費を節約させ、節約した分の7割を積み立てさせた。この資金は、ききんや災害時に困窮した人々の救済に役立てられた。

棄捐令

旗本・御家人の救済策。俸禄米の現金化を請け負い、高利貸しもしていた札差という町人への借金を帳消しにした。

海防の強化

ロシア使節の根室への来航をきっかけに、蝦夷地や江戸湾（現在の東京湾）の海防の強化を諸藩に命じた。

天保の改革

◆質素・倹約ときびしい規制

12代将軍の徳川家慶の時代に、老中の水野忠邦がおこなった改革を「天保の改革」といいます。

1837年、大坂で大塩平八郎の乱が起こりました。ききんに苦しむ人々を救済しない大坂町奉行や、米を買い占めて私腹を肥やす豪商のすがたを見ていた平八郎は、人々の救済のために門弟たちと武装蜂起しました。乱は半日で鎮圧されましたが、幕府の元役人だった武士が反乱を起こしたことは、幕府に衝撃をあたえました。また、イギリスやアメリカなど外国勢力の脅威も年々高まっており、忠邦は国内外の問題に対処するための政策に取り組みました。

改革では、将軍や大奥もふくめた徹底した倹約令を出し、庶民の生活や風俗をきびしくとりしまりました。江戸に流入した百姓を強制的に農村へ帰したり、株仲間を解散させたりしましたが、大きな成果は得られませんでした。

忠邦は、対外防備の強化や幕府財政の収入増をはかり、上知令を出して江戸と大坂周辺地域を幕領にしようとしました。しかし対象となった大名や旗本、さらに民衆の反発があって実施できず、忠邦は老中をしりぞきました。

主な政策

天保の改革における主な政策を紹介。

経済政策

株仲間の解散

物価が上がるのは株仲間が商品の流通を独占しているからと考え、株仲間の解散を命じた。その結果、江戸へ入ってくる物資の量が減り、逆に物価が上がった。

秩序の回復

徹底した倹約令

身分の上下を問わず、高価な料理や菓子、派手な着物や装飾品、錦絵、ペットの鳥など、衣食住の細部にわたり取り締まった。

風俗の取り締まり

庶民が親しんだ歌舞伎などの芸能を、庶民の風俗を乱すものとしてきびしく規制した。江戸の歌舞伎（三座）は浅草の場末に移転させられ、神社の境内などでおこなう芝居も禁止となった。落語や講談などの寄席も、大幅に数を減らされた。

◀見物客でにぎわう歌舞伎劇場のようす。
歌川広重 画「東都名所 二丁町芝居之図」メトロポリタン美術館 蔵

農村対策

人返しの法

ききんで荒れた農村を立て直すため、出稼ぎを禁止し、ききんによって江戸に流入した百姓たちを強制的に村へ帰そうとした。しかし浪人など武士も江戸を追われたため、江戸周辺の治安が悪化した。

幕府権力の強化と海防の強化

上知令

江戸と大坂周辺の年貢収納の多い大名領や旗本領の村を幕領とすることで幕府財政の安定や対外防備の強化をはかった。しかし、よそへ転封される旗本や大名、さらには領主に金を貸していた商人などが反対し、実現しなかった。

西洋砲術の採用

オランダ人から西洋砲術を学んだ高島秋帆を長崎からまねき、外国勢力の侵略に備えて砲術や兵術の指導をさせた。

高島秋帆
（1798〜1866年）
▶長崎に生まれ、出島のオランダ人を通じてオランダ語や西洋砲術を学んだ。
「高島秋帆画像」東京大学史料編纂所 蔵

財政危機を立て直した 名君たちの藩政改革

18世紀後半になると、諸藩も財政に苦しむようになります。そこで各地の藩で藩主がみずから改革に取り組み、財政の立て直しをはかりました。武士の質素倹約は改革の基本で、ほかに特産物の専売制度の採用や地場産業の振興、藩校を設立して優秀な人材の育成などがおこなわれました。改革を成功させた藩主は「名君」とよばれ、後世に名を残しています。

19世紀前半になると、薩摩藩や長州藩など西日本の藩が独自の改革をおこないます。幕府に対し政治的な発言力をもつようになり、「雄藩」（➡4巻）とよばれるまでに成長しました。

藩政改革の特徴
●藩の財政の引き締め
●商品作物栽培の奨励・産業の振興
●特産物の専売
●農村の復興（田畑の再開発など）
●藩校の設立による人材の育成

全国の主な藩政改革と名君

▲上杉治憲（鷹山）

高橋由一 画「上杉鷹山像」東京国立博物館 蔵 ColBase（https://colbase.nich.go.jp/）

米沢藩主・上杉治憲（鷹山）
（1751〜1822年）

倹約令を出してみずからも倹約につとめ、藩の財政を改善した。また、うるしやこうぞなどの商品作物栽培の奨励や、織物技術を導入して米沢織を振興した。

秋田藩主・佐竹義和
（1775〜1815年）

藩校の明道館（のちの明徳館）を設立しての人材育成、桑や藍など商品作物栽培の奨励、工芸品の生産を振興した。義和の死後にも改革はつづき、養蚕、漆器、織物といった産業が発展した。

松江藩主・松平治郷（不昧）
（1751〜1818年）

茶人としても知られる藩主で、家老の朝日茂保とともに藩の財政を立て直した。松江塗や出雲焼などの漆器の産業を盛り立てた。

熊本藩主・細川重賢（銀台）
（1721〜1785年）

質素倹約を推奨するほか、ろうの原材料であるはぜの販売を独占するなど、財政の立て直しをはかり、成果をあげた。また、身分に関係なく通える藩校の時習館や、医学校の再春館も設立した。

▲細川重賢（銀台）

「細川重賢画像」東京大学史料編纂所 蔵

データや図表で見る江戸時代

1巻であつかった内容とかかわりの深いデータや図表を紹介しています。本編の内容も参考にしながら、それぞれのデータや図表を読み解いてみましょう。

①江戸幕府の財政収入（1730年と1848年）

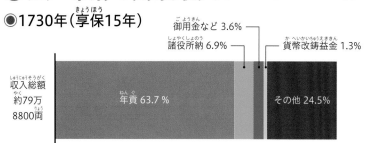

◉1730年（享保15年）

御用金など 3.6%
諸役所納 6.9%
貨幣改鋳益金 1.3%

収入総額
約79万8800両

年貢 63.7%
その他 24.5%

◉1848年（天保14年）

諸役所納 3%

収入総額
約154万3000両

年貢 39.1%
御用金など 10.2%
貨幣改鋳益金 25.6%
その他 22.1%

江戸時代を通して、幕府の財政収入は幕領からの年貢がもっとも多かった。享保の改革で新田開発がさかんだった享保年間は、収入の60%以上を年貢がしめた。江戸時代末期のころには、年貢についで貨幣改鋳益金（➡P.25）や、裕福な町人、百姓らに課した御用金などの割合が多くなっていた。

詳説日本史図録編集委員会 編『山川 詳説日本史図録（第7版）』（山川出版社、2017年）「幕府の財政収入」をもとに作成

②小判にふくまれる金の割合

江戸時代はじめにつくられた慶長小判のほか、正徳小判、享保小判は多くの金をふくんでいた。

■ 金の含有率
■ 金以外の成分の含有率

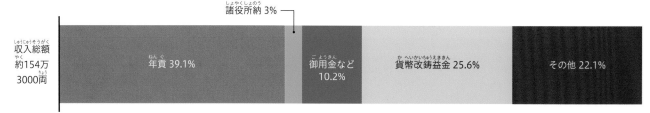

(%)
100
80
60
40
20
0

慶長小判 1600年
元禄小判 1695年
宝永小判 1710年
正徳小判 1714年
享保小判 1716年
元文小判 1736年
文政小判 1819年
天保小判 1837年
安政小判 1859年
万延小判 1860年

詳説日本史図録編集委員会 編『山川 詳説日本史図録（第7版）』（山川出版社、2017年）「金銀成分の比較」をもとに作成

③全国の大名の所在（1808年・264家）

参勤交代により、江戸にはつねに全国の約半分の大名がいた。また、老中や若年寄など幕府の役職につく大名は参勤交代せずに、江戸につねに詰めていた。

■ 江戸
■ 国元

任地にいた大名
（京都所司代など）
7人

国元に帰っていた大名
97人

参勤で江戸に来た大名
120人

幕府の役職についていた者など、つねに江戸にいた大名 40人

江戸東京博物館『常設展示図録［図表編］』（東京都江戸東京博物館、2017年）「大名の所在」などをもとに作成
＊所在地、事由などには推定をふくむ。

④日本近海の外国船の出没数

18世紀後半からロシア船やイギリス船、アメリカ船などが日本近海にあらわれるようになった。1854年、幕府はアメリカ合衆国やイギリス、ロシアなどと和親条約をむすび、それ以降、外国船の出没数は大きく増えた。

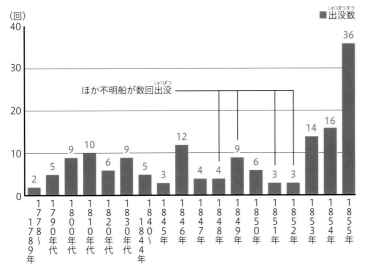

ほか不明船が数回出没

竹内誠 監修『江戸時代館』(小学館、2011年)「日本近海への異国船出没数(1778～1855年)」をもとに作成

⑤江戸時代の主な災害

江戸時代を通して、大火、ききん、火山の噴火などさまざまな災害があった。

発生年	災害
1641	寛永のききん
1657	明暦の大火(振袖火事)〈江戸〉
1703	元禄地震〈主に関東南部〉
1707	宝永地震〈主に東海道、紀伊半島など〉、富士山の噴火〈富士山周辺の広範囲〉
1732	享保のききん
1755	宝暦のききん
1772	目黒行人坂の大火〈江戸〉
1783	浅間山噴火〈浅間山周辺の広範囲〉、天明のききん
1786	天明6年の洪水〈江戸など利根川水系の地域〉
1833	天保のききん
1855	安政江戸地震〈主に関東南部〉

⑥江戸時代の主な一揆と打ちこわし

ききんなどの災害で農作物が不作となり、それでも年貢の負担が軽くならないと、百姓たちによる一揆がおこりやすくなる。ききんなどの災害が多かった18世紀から19世紀にかけては、各地で多くの一揆や打ちこわしがおこった。

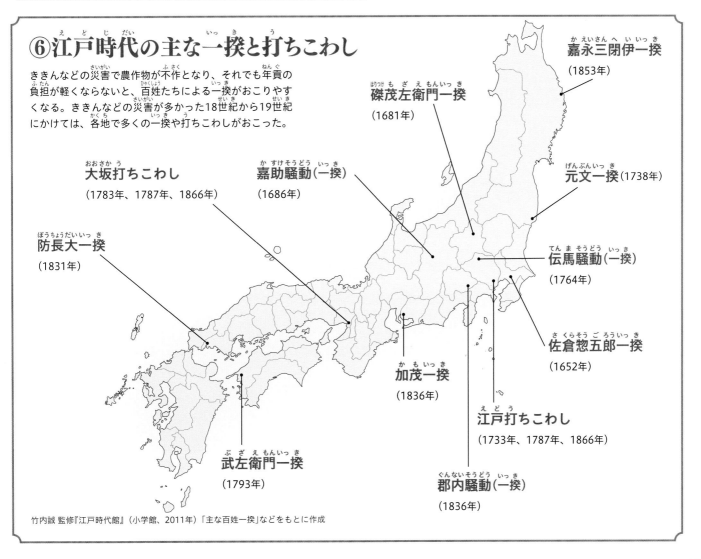

竹内誠 監修『江戸時代館』(小学館、2011年)「主な百姓一揆」などをもとに作成

さくいん

ここでは、この本に出てくる重要なことばを50音順にならべ、そのことばについてくわしく説明しているページをのせています。

あ

会津藩（あいづはん） 31
上米の制（あげまいのせい） 39
浅野長矩（あさのながのり） 13
後押さえ（あとおさえ） 35
井伊直弼（いいなおすけ） 32
池田光政（いけだみつまさ） 11
医者・学者（いしゃ・がくしゃ） 17
以心崇伝（いしんすうでん） 15
上杉治憲（うえすぎはるのり） 43
内桜田門（うちさくらだもん） 27
運上金（うんじょうきん） 24、40
えた 16
江戸城（えどじょう） 7、18、26、34、36
江戸幕府（幕府）（えどばくふ（ばくふ）） 6、10、12、14、20、22、24、30、32、38、40
大岡忠相（おおおかただすけ） 39
大奥（おおおく） 24、26、28
大坂城代（おおさかじょうだい） 22
大坂町奉行（おおさかまちぶぎょう） 22
大塩平八郎（おおしおへいはちろう） 42
大塩平八郎の乱（おおしおへいはちろうのらん） 42
大手門（おおてもん） 27
大広間（おおひろま） 27、28
大目付（おおめつけ） 21
お使い番（おつかいばん） 35
小浜藩（おばまはん） 32
表（おもて） 26、28
遠国奉行（おんごくぶぎょう） 22
御鷹（おんたか） 35

か

改易（かいえき） 12、30
加賀藩（かがはん） 33
囲米（かこいまい） 41
加藤忠弘（かとうただひろ） 13
株仲間（かぶなかま） 40、42
家老（かろう） 35
勘定奉行（かんじょうぶぎょう） 21、22
寛政異学の禁（かんせいいがくのきん） 41
寛政の改革（かんせいのかいかく） 19、38、41
関東郡代（かんとうぐんだい） 23
関白（かんぱく） 14
棄捐令（きえんれい） 41
義倉（ぎそう） 41
旧里帰農令（きゅうりきのうれい） 41
京都所司代（きょうとしょしだい） 14、21、22
京都町奉行（きょうとまちぶぎょう） 23
享保の改革（きょうほうのかいかく） 19、38
禁中並公家諸法度（きんちゅうならびにくげしょはっと） 14
公家（くげ） 14、16
蔵米（切米）（くらまい（きりまい）） 24
黒書院（くろしょいん） 27、28
郡代（ぐんだい） 22
芸能者（げいのうしゃ） 16
毛槍（けやり） 35
玄関（げんかん） 26、28
御家門（ごかもん） 31
御休息之間（ごきゅうそくのま） 29
石高（こくだか） 12、24
御家人（ごけにん） 11、17、24

さ（column 3 top）

御座之間（ござのま） 27、29
御三卿（ごさんきょう） 31
御三家（ごさんけ） 29、31
小姓（こしょう） 18、35
御殿向（ごてんむき） 29

さ

西国筋郡代（さいごくすじぐんだい） 22
酒井忠勝（さかいただかつ） 32
堺奉行（さかいぶぎょう） 23
先ばらい（さきばらい） 35
桜田巽櫓（さくらだたつみやぐら） 27
佐竹義和（さたけよしまさ） 43
佐渡奉行（さどぶぎょう） 23
参勤交代（さんきんこうたい） 10、34、36、39
三の丸（さんのまる） 26、28
寺院法度（じいんはっと） 15
汐見坂（しおみざか） 27
地子（じし） 25
寺社奉行（じしゃぶぎょう） 15、21
七分積金（しちぶつみきん） 41
社倉（しゃそう） 31、41
宗教者（しゅうきょうしゃ） 17
将軍（しょうぐん） 6、8、11、17、18、20、24、26、28、31、38
上知令（じょうちれい） 42
商人（しょうにん） 16、40
商品作物（しょうひんさくもつ） 39
定免法（じょうめんほう） 39
職人（しょくにん） 16

諸社禰宜神主法度 ……………… 15
諸宗寺院法度 …………………… 15
白書院 ……………………… 27、28
神職 ………………………… 15、16
新田開発 ………………… 38、40
親藩 ……………… 8、13、30、34
摂政 ……………………………… 14
仙台藩 …………………………… 33
僧侶 ………………………… 15、16

た

大名 ……… 8、10、12、17、21、22、
　　　　　 28、30、32、34、36、42
大名行列 ………………… 34、36
大老 ……………………… 21、32
高島秋帆 ………………………… 42
伊達政宗 ………………………… 33
田沼意次 ………………… 38、40
田沼意次の政治 ………… 38、40
茶坊主 …………………………… 35
朝廷 ……………………… 14、22
町人 ……………… 12、16、24、29
鉄砲隊 …………………………… 35
天守 ……………………………… 26
転封 ……………………………… 12
天保の改革 ……………… 19、38、42
堂島米市場 ……………………… 39
徳川家斉 ………… 19、31、38、41
徳川家光 …… 6、10、19、20、26、38
徳川家康 …… 6、18、20、26、38
徳川家慶 ………… 19、38、42
徳川忠長 ………………………… 13
徳川綱吉 ………… 10、19、38
徳川秀忠 ………………… 10、26
徳川慶喜 ………………………… 19
徳川吉宗 ………… 19、31、38
外様 ………… 8、13、22、30、33、34

な

中奥 ……………………… 26、28
長崎奉行 ………………………… 22
長局 ……………………………… 27
奈良奉行 ………………………… 23
日光社参 ………………………… 24
日光奉行 ………………………… 23
二の丸 …………………… 26、28
人足寄場 ………………………… 41
年貢 ……… 16、24、30、38、40
能舞台 …………………………… 29
乗物 ……………………………… 35

は

廃藩置県 ………………… 11、32
幕藩体制 …………… 10、12、19、38
幕領 ……………… 11、22、24、38
旗本 ……… 11、17、20、22、24、41、42
藩 ……… 8、9、11、30、32、35、36、43
藩校 ……………………………… 43
藩領 ……………………… 11、30
彦根藩 …………………………… 32
飛騨郡代 ………………………… 23
人返しの法 ……………………… 42
ひにん …………………………… 16
百姓 ……… 16、25、38、40、42
日用 ……………………………… 17
武鑑 ……………………………… 36
福島正則 ………………………… 13
武家諸法度 ……………… 10、12、14
武家伝奏 ………………………… 14
武士 ……………………… 6、16
伏見奉行 ………………………… 23
富士見櫓 ………………………… 27
普請役 …………………………… 24
譜代 ……… 8、13、14、22、30、32、34

ま

武断政治 ………………………… 19
文治政治 ………………………… 19
保科正之 ………………………… 31
細川重賢 ………………………… 43
本多正純 ………………………… 13
本丸 ……………………… 26、28
本丸御殿 ………………………… 28

ま

前田利家 ………………………… 33
町火消 …………………………… 39
町奉行 …………………… 21、39
松平定信 ………………… 32、38、41
松平忠輝 ………………………… 13
松平忠直 ………………………… 13
松平忠吉 ………………………… 13
松平直矩 ………………………… 13
松平治郷 ………………………… 43
松の廊下 ………………… 27、29
水野忠邦 ………………… 38、42
美濃郡代 ………………………… 23
冥加金 …………………… 24、40
目安箱 …………………………… 39
最上義俊 ………………………… 13

や

役料 ……………………………… 24
山下門 …………………………… 27
山田奉行 ………………………… 23
槍隊 ……………………………… 35
雄藩 ……………………………… 43
弓隊 ……………………………… 35
鎧びつ …………………………… 35

ら・わ

老中 ……… 18、21、28、32、38、40、42
若年寄 …………………… 21、28

監修：小酒井大悟
こさかいだいご

1977年、新潟県生まれ。2008年、一橋大学大学院社会学研究科博士後期課程修了。博士（社会学）。2022年3月現在、東京都江戸東京博物館学芸員。専門は日本近世史。著書に『近世前期の土豪と地域社会』（清文堂出版、2018年）がある。

◆装丁・本文デザイン・DTP
五十嵐直樹・吉川層通・安田美津子
（株式会社ダイアートプランニング）

◆指導
由井薗健（筑波大学附属小学校）
関谷文宏（筑波大学附属中学校）

◆イラスト
サッサ
中村宣夫
佐藤真理子

◆図版
坂川由美香（AD・CHIAKI）

◆編集協力
鈴木愛

◆校正
有限会社一梓堂

◆編集・制作
株式会社童夢

取材協力・写真提供

会津若松市立会津図書館／板橋区立郷土資料館／恵那市教育委員会／大分市歴史資料館／小浜市／鹿児島県文化振興課／（株）七星社／公益財団法人 福島県観光物産交流協会／国立公文書館／国立国会図書館／国立歴史民俗博物館／大㟨山 豪徳寺／竹原市観光協会／東京国立博物館／東京大学史料編纂所／東京都立中央図書館特別文庫室／明治大学博物館／若狭塗箸協同組合／輪島漆器商工業協同組合

写真協力

株式会社フォトライブラリー／ColBase(https://colbase.nich.go.jp/)／Minneapolis Institute of Arts／The Art Institute of Chicago／The Metropolitan Museum of Art

江戸時代 ① 大百科
江戸幕府のしくみ

あそびをもっと、
まなびをもっと。

こどもっとラボ

発行　　2022年4月　第1刷
監修　　小酒井大悟
発行者　千葉 均
編集者　崎山貴弘
発行所　株式会社ポプラ社
　　　　〒102-8519　東京都千代田区麹町4-2-6
ホームページ　www.poplar.co.jp（ポプラ社）
　　　　kodomottolab.poplar.co.jp（こどもっとラボ）
印刷・製本　大日本印刷株式会社

©POPLAR Publishing Co.,Ltd. 2022
ISBN 978-4-591-17283-4 ／ N.D.C. 210 ／ 47p ／ 29cm Printed in Japan

江戸時代大百科

全6巻

セットN.D.C.210

監修：東京都江戸東京博物館 学芸員 小酒井大悟

◆社会科で学習する江戸幕府の支配体制や江戸時代の人々のくらし、文化などの内容に対応しています。

◆伝統工芸や伝統芸能など、江戸時代とかかわりの深い伝統的な文化についても知ることができます。

◆交通や産業、文化など、1巻ごとにテーマをもうけているため、興味のある内容をすぐに調べることができます。

◆多くの図表やグラフ、当時えがかれた錦絵などを活用し、具体的な数字やイメージをもとに解説しています。

1巻　江戸幕府のしくみ　N.D.C.210

2巻　江戸の町と人々のくらし　N.D.C.210

3巻　江戸時代の交通　N.D.C.210

4巻　江戸時代の産業　N.D.C.210

5巻　江戸時代の外交と貿易　N.D.C.210

6巻　江戸時代の文化　N.D.C.210

小学校高学年から　Ａ４変型判／各47ページ
図書館用特別堅牢製本図書

江戸時代のおもなできごと

この年表では、江戸時代におこったおもなできごとを紹介します。★は文化にかかわるできごとです。

将軍	年	おもなできごと
家康	1600	●オランダ船リーフデ号、豊後に漂着。乗組員だったイギリス人ウィリアム・アダムズとオランダ人ヤン・ヨーステンが家康に面会。 ●関ヶ原の戦いで徳川家康ひきいる東軍が西軍をやぶる。
	1603	●徳川家康が征夷大将軍となり、江戸幕府を開く。 ★出雲阿国が京都でかぶき踊りをはじめる。
	1604	●幕府が糸割符制度を定める。
秀忠	1605	●家康が征夷大将軍を辞任し、徳川秀忠が2代将軍になる。
	1607	●朝鮮の使節が日本を訪れる。 ●角倉了以が富士川の水路を開く。
	1609	●薩摩藩の島津家が琉球王国を征服。 ●対馬藩の宗家が朝鮮と己酉約条をむすぶ。 ●オランダが平戸に商館を設置。
	1610	●家康がメキシコへ使節を派遣する。
	1612	●幕府が直轄領にキリスト教を禁止する禁教令を出す。
	1613	●仙台藩の藩主・伊達政宗が慶長遣欧使節をヨーロッパに派遣。 ●幕府が全国に禁教令を出す。
	1614	●大坂冬の陣。
	1615	●家康が大坂夏の陣で豊臣家をほろぼす。 ●幕府が一国一城令を定める。 ●幕府が武家諸法度と禁中並公家諸法度を定める。
	1616	●家康死去。 ●幕府がヨーロッパの商船の来航を平戸と長崎に限定する。
	1617	★日光東照宮造営。
家光	1624	●幕府がスペイン船の来航を禁止。
	1629	●紫衣事件がおこる。
	1631	●幕府が奉書をもつ船以外の海外渡航を禁止する。
	1635	●幕府が外国船の入港を長崎に限定し、日本人の海外渡航・帰国を禁止する。 ●幕府が武家諸法度を改訂し、参勤交代の制度を確立させる。
	1636	●長崎に出島が完成。
	1637	●島原・天草一揆がおこる(〜1638)。
	1639	●幕府がポルトガル人の来航を禁止。
	1641	●幕府がオランダ商館を平戸から長崎の出島に移転させる。
	1643	●幕府が田畑永代売買禁止令を出す。
家綱	1651	●幕府が末期養子の禁を緩和。
	1657	●江戸で明暦の大火がおこる。 ★徳川光圀が『大日本史』の編さんに着手。
	1669	●蝦夷地でシャクシャインの戦いがおこる。
	1671	●河村瑞賢が東廻り航路を開く。
	1673	●三井高利が江戸で呉服店、三井越後屋を開業。
綱吉	1684	★渋川春海が天文方に任命される。
	1685	●徳川綱吉が最初の生類憐みの令を出す。
	1688	★井原西鶴『日本永代蔵』刊行。
	1689	★松尾芭蕉が『おくのほそ道』の旅に出発。
	1694	●江戸で十組問屋が成立。
	1695	●荻原重秀の意見により金銀貨幣を改鋳。
	1697	★宮崎安貞『農業全書』刊行。
	1702	●赤穂事件がおこる。
	1703	★近松門左衛門『曽根崎心中』初演。
家宣	1709	●綱吉死去。徳川家宣が6代将軍となり、間部詮房と新井白石が登用される(正徳の治)。生類憐みの令を廃止。 ★貝原益軒『大和本草』刊行。
家継	1715	●幕府が海舶互市新令(長崎新令)を定める。
吉宗	1716	●徳川吉宗が8代将軍となり、享保の改革がはじまる。
	1720	●江戸に町火消「いろは47組(のち48組)」設置。
	1721	●幕府が目安箱を設置。 ●幕府が小石川薬園を設置。
	1722	●幕府が上米の制を定める。 ●幕府が小石川薬園内に養生所を設置。
	1723	●幕府が足高の制を定める。
	1732	●享保の飢饉がおこる。
	1742	●公事方御定書が完成。
家重	1758	●宝暦事件がおこる。
家治	1767	●田沼意次が側用人となる。 ●米沢藩の藩主・上杉治憲(鷹山)が藩政改革をはじめる。
	1774	★杉田玄白・前野良沢ら『解体新書』刊行。
	1776	★上田秋成『雨月物語』刊行。
	1779	★塙保己一『群書類従』の編さんに着手。